Woolly Hugs BOBBEL

VeronikaHug.com

Tunesisch häkeln

AF629564

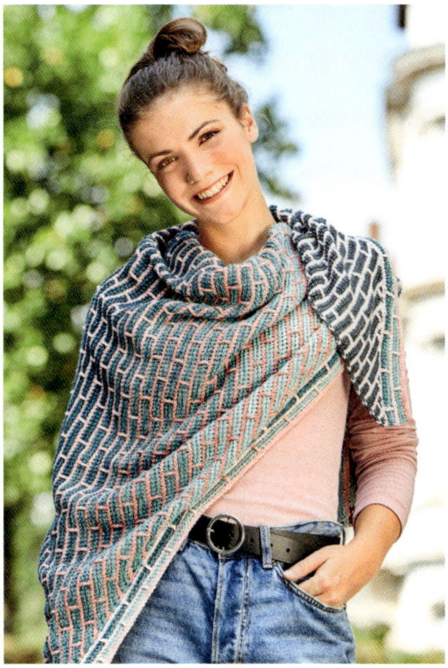

Tücher, Schals, Ponchos

CV

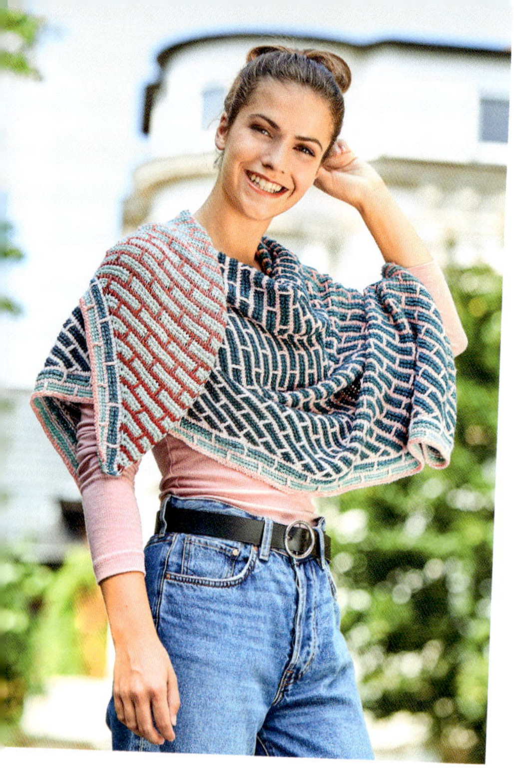

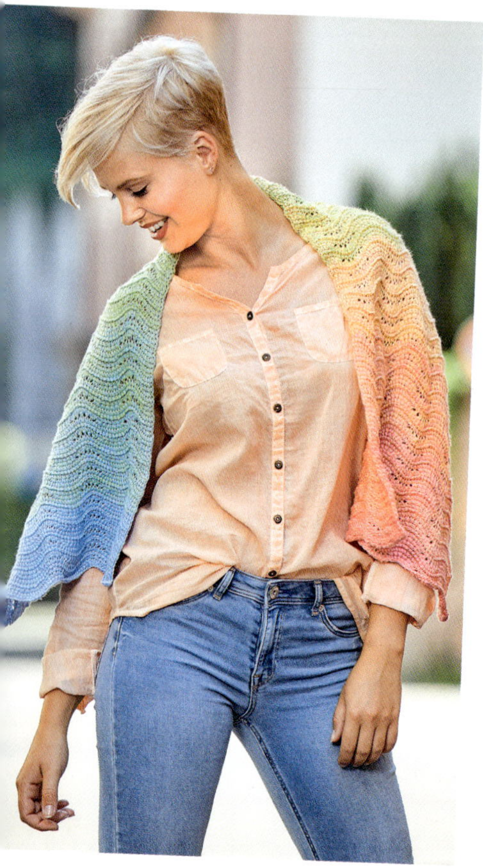

INHALT

Liebe Fans der Tunesischen Häkelei!

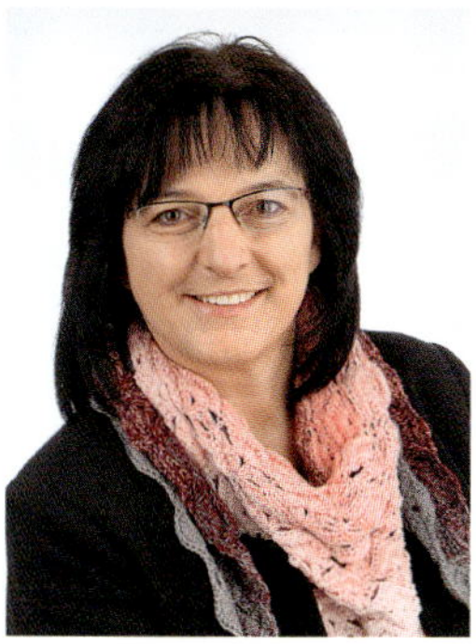

Diejenigen unter euch, die meine Handarbeiten schon länger verfolgen, sind sicher nicht überrascht, dass es mir am Herzen liegt, ein BOBBEL-Buch der Tunesischen Häkeltechnik zu widmen. Seit Jahren ist sie mein Steckenpferd, und als ich die ersten BOBBEL-Modelle tunesisch gehäkelt hatte, war die Frage geklärt, ob sich ein ganzes Buch damit füllen lässt.

Diese Technik ist so vielseitig, dass sie mich immer wieder aufs Neue überrascht. So wirkt das Häkeln in hin- und hergehenden Reihen im Grundstich ganz anders als das Häkeln in Runden im Strick- oder Reversestich! Nicht zu vergessen die Vielfalt der Entrelac-Technik, wo Kästchen an Kästchen aneinandergehäkelt werden und so die tollsten Effekte entstehen. Kombiniert mit den herrlichen Farbverläufen der BOBBEL und mit großen Nadeln gearbeitet, bringt die Tunesische Häkelei traumhafte Werke hervor, die zudem durch einen wunderschönen, weichen Fall bestechen.

Zu allen Modellen gibt es hilfreiche Videos auf YouTube. Wer sich erstmals einer Tunesischen Häkel-Anleitung widmet, dem empfehle ich zum Einstieg einige dieser Videos. Zusätzlich findet ihr am Ende des Buches einen sehr ausführlichen Workshop, der die Technik Schritt für Schritt erklärt.

Ich freue mich, dass ich mit diesem Buch meine Begeisterung mit euch teilen darf, und bin mir sicher, dass jeder, der sein erstes Werk mit der Tunesischen Häkelnadel gefertigt hat, sich umgehend auf die Suche nach dem nächsten Modell macht. Die vielseitigen Tücher, Schals, Stolen und Ponchos auf den nächsten Seiten setzen der Suche nach neuen Ideen ein Ende.

Ich wünsche euch viel Spaß beim Ausprobieren, Experimentieren, Häkeln, Staunen und Tragen!

Veronika Hug

P.S.: Vielleicht treffen wir uns demnächst auf Facebook, wenn ihr uns euer Werk zeigt!
Alle Infos findet ihr auf meiner Homepage www.VeronikaHug.com

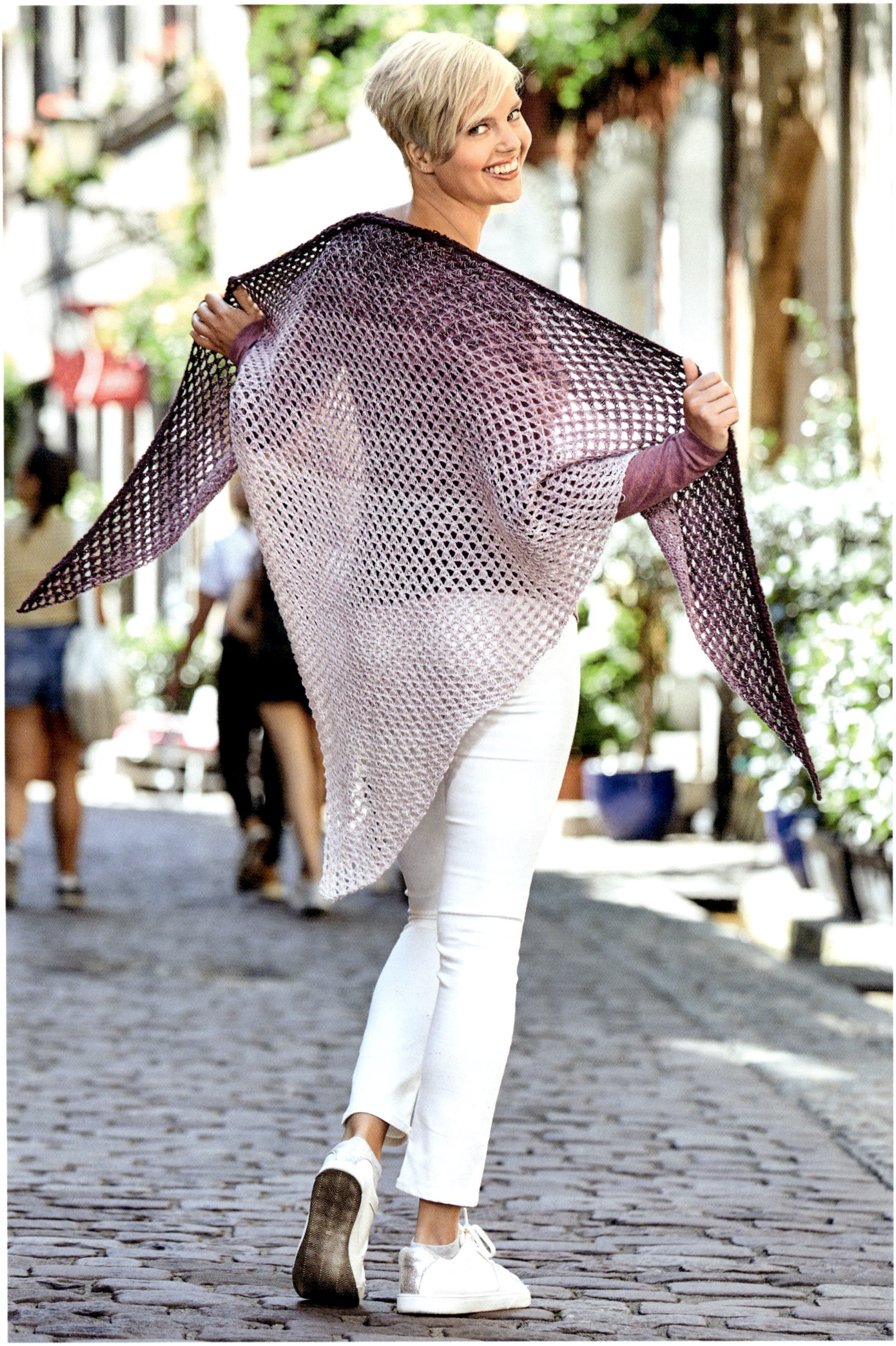

Video-Link:
goo.gl/QDk6F9

TUCH Traumfänger

Größe: ca. 210 x 100 cm

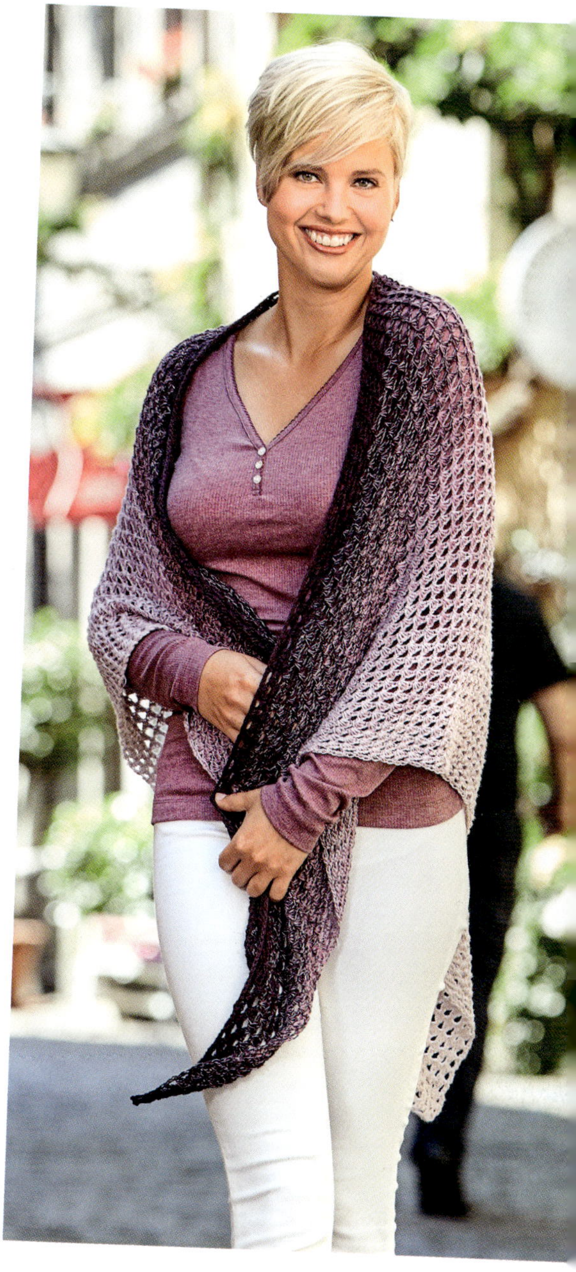

MATERIAL

- Woolly Hugs BOBBEL-COTTON (50 % Baumwolle, 50 % Polyacryl, Lauflänge ca. 800 m/200 g) von L&K (www.VeronikaHug.com): 1 BOBBEL in Wunschfarbe (Original in Farbe Nr. 22)
- 1 Tunesische Häkelnadel mit Seil Nr. 4–5 von addiClick by Woolly Hugs

Anschlag und Grundstich

Siehe Workshop Seite 58–59.

Maschenprobe

25 Maschen und 10 Reihen = 10 x 10 cm

SO WIRD´S GEMACHT

An der unteren Spitze des Dreieckstuches beginnend 5 Luftmaschen locker anschlagen und aus der Rückseite der Luftmaschenkette aus der 3.–1. Luftmasche wie im Workshop beschrieben je 1 Masche auffassen = 4 Maschen insgesamt. Danach 6 Luftmaschen häkeln und die Rückreihe wie folgt beginnen: Den Faden holen und durch 3 Schlingen ziehen, 4 Luftmaschen häkeln, den Faden holen und durch 2 Luftmaschen ziehen, 2 Luftmaschen häkeln (= **Anschlagreihe**).
Nun die **1. Hinreihe** wie folgt beginnen: Aus den 4 aufeinanderfolgenden Luftmaschen wie beim Anschlag je 1 Masche holen, aus den folgenden 4 Luftmaschen nochmals wie beim Anschlag je 1 Masche holen. Aus der folgenden Luftmasche ebenfalls 1 Masche holen, da diese Masche die Randmasche bildet, in beide Schlingen einstechen.

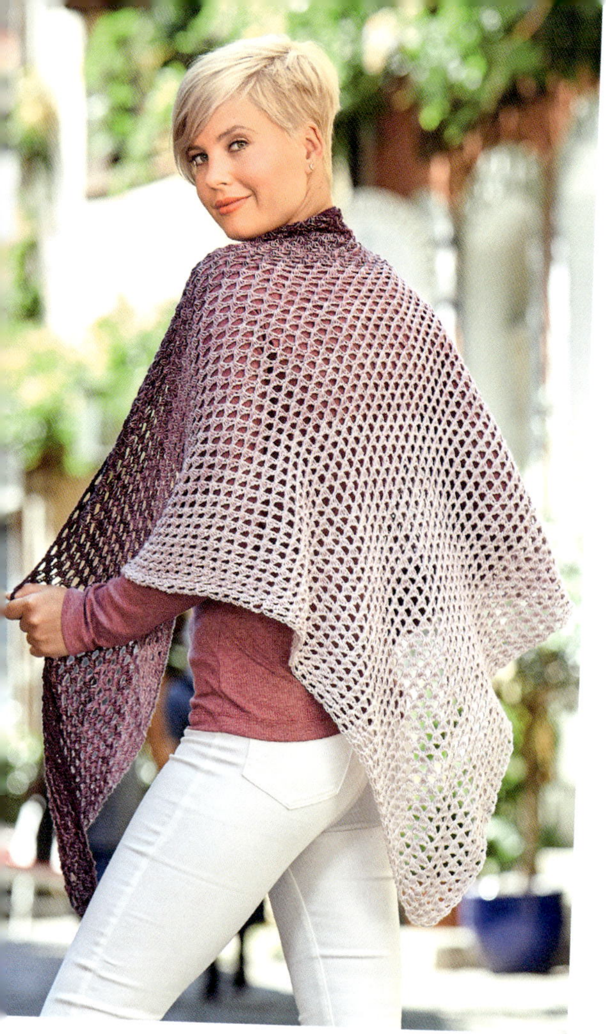

Danach 6 Luftmaschen häkeln und die **1. Rückreihe** wie folgt beginnen: Den Faden holen und durch 5 Schlingen ziehen, * 4 Luftmaschen häkeln, den Faden holen und durch 5 Schlingen ziehen, 4 Luftmaschen, den Faden holen und durch 2 Schlingen ziehen, 2 Luftmaschen häkeln. Nun die **2. Hinreihe** wie folgt beginnen: * Aus den 4 Luftmaschen je 1 Masche holen, ab * stets wiederholen, enden mit der Randmasche (hier in 2 Schlingen einstechen).

Danach 6 Luftmaschen häkeln und die **2. Rückreihe** wie die 1. Rückreihe beginnen. Das Muster ab dem * stets wiederholen und auch wie dort beschrieben enden. Anschließend die 3.–5. Hin- und Rückreihe laut Häkelschrift arbeiten. Danach die 4. und 5. Reihe stets wiederholen und die Zunahmen sinngemäß fortsetzen. Wenn der BOBBEL fast zu Ende ist, nach einer Rückreihe alle Maschen und Luftmaschen mit 1 festen Masche behäkeln und anschließend enden.

Häkelschrift

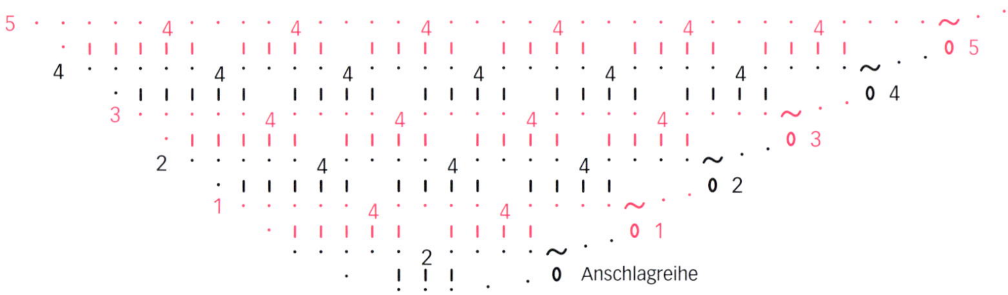

Zeichenerklärung

· = 1 Luftmasche

0 = 1 Anfangsschlinge

ı = 1 Masche im Grundstich

~ = in einer Rückreihe 2 Schlingen abmaschen

2 = in einer Rückreihe 3 Schlingen abmaschen

4 = in einer Rückreihe 5 Schlingen abmaschen

Video-Link:
goo.gl/QDk6F9

TUCH
Rhomben-Parcours

Größe: ca. 190 x 95 cm

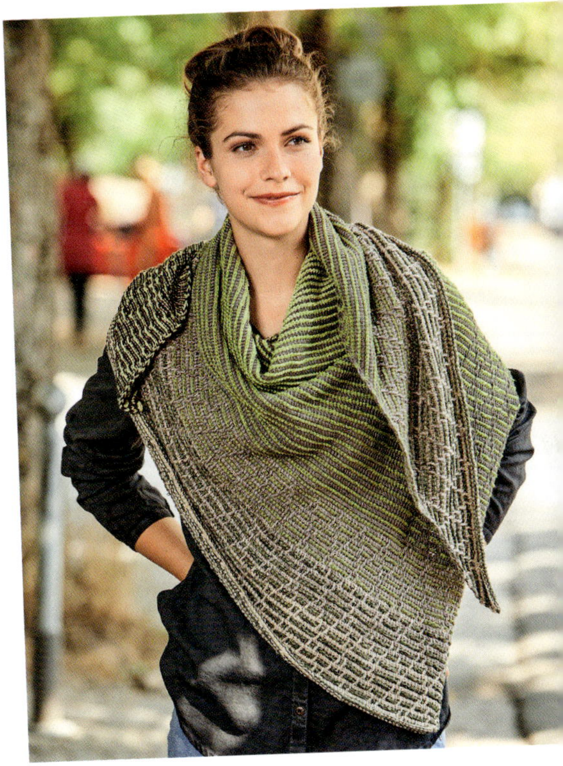

MATERIAL

- Woolly Hugs BOBBEL-COTTON (50 % Baumwolle, 50 % Polyacryl, Lauflänge ca. 800 m/200 g) von L&K (www.VeronikaHug.com): 2 BOBBEL in Wunschfarbe (Original in Farbe Nr. 25)
- 1 Tunesische Häkelnadel mit Seil Nr. 4–5 von addiClick by Woolly Hugs

Anschlag, Grundstich und Reversestich
Siehe Workshop Seite 58–61.

Streifenmuster
1 Reihe Grundstich, 1 Reihe Reversestich im Wechsel

Maschenprobe im Grundstich
20 Maschen und 20 Reihen = 10 x 10 cm

SO WIRD´S GEMACHT

Mit dem 1. BOBBEL von innen beginnend 3 Luftmaschen anschlagen und aus der Rückseite der Luftmaschenkette wie im Workshop beschrieben aus der 2. und 1. Luftmasche je 1 Masche auffassen = 3 Maschen insgesamt. Nun mit dem 2. BOBBEL von außen beginnend den Faden holen und durch die 1. Schlinge ziehen, dann stets den Faden holen und durch 2 Schlingen ziehen (= **Anschlagreihe**).

1. Hinreihe: 2 Luftmaschen häkeln. Die Schlinge auf der Nadel bildet die 1. Masche. Aus der 1. Luftmasche 1 Masche herausholen, aus der folgenden Masche 1 Masche im Grundstich arbeiten. Die folgende Masche im Reversestich, dann die letzte Masche als Randmasche arbeiten.

Rückreihen (stets gleich arbeiten): Farbwechsel vornehmen. Dafür den neuen Faden auf der Rückseite stets hinter dem bisher verwendeten Faden hochholen. Nun 1 Schlinge abschlingen, dann stets den Faden holen und durch 2 Schlingen ziehen, bis alle Maschen abgemascht sind.

2. Hinreihe: 1 Luftmasche arbeiten. Die Schlinge auf der Nadel bildet die 1. Masche. (**Hinweis:** Bis zu den ersten 4 Schlingen auf der Nadel arbeitet man stets gleich.) Aus den folgenden 3 Maschen je 1 Masche im Grundstich arbeiten. (Nun hat man 4 Schlingen auf der Nadel – dies sind die 4 Schlingen, die stets gleich gearbeitet werden.) Die folgende Masche im Grundstich arbeiten, die letzte Masche als Randmasche.

Häkelschrift

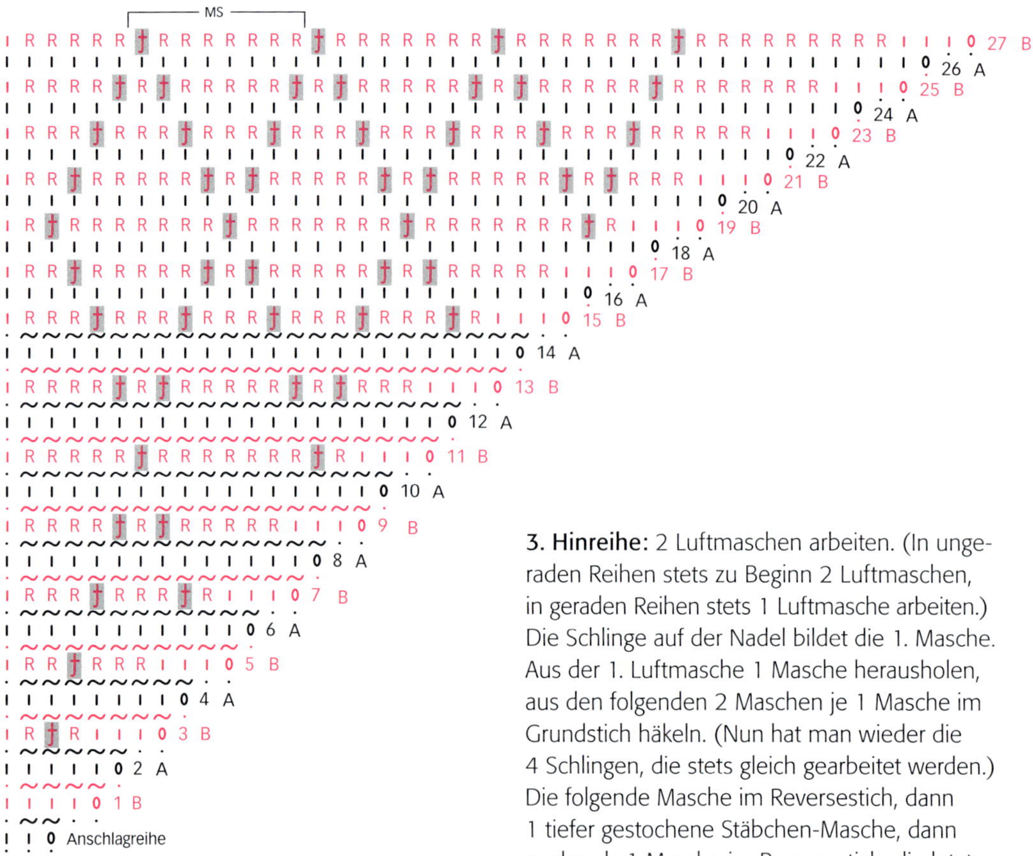

Zeichenerklärung

- · = 1 Luftmasche
- **0** = 1 Anfangsschlinge
- I = 1 Masche im Grundstich
- ~ = in einer Rückreihe 2 Schlingen abmaschen
- R = 1 Reversestich
- ǂ = 1 tiefer gestochene Stäbchen-Masche (= Umschlag um die Nadel legen, in die darunterliegende senkrechte Grundstich-Masche einstechen, den Faden holen und durchziehen, dann den Faden holen und durch 2 Schlingen ziehen, nochmals den Faden holen und durch 2 Schlingen ziehen)
- MS = Mustersatz

3. Hinreihe: 2 Luftmaschen arbeiten. (In ungeraden Reihen stets zu Beginn 2 Luftmaschen, in geraden Reihen stets 1 Luftmasche arbeiten.) Die Schlinge auf der Nadel bildet die 1. Masche. Aus der 1. Luftmasche 1 Masche herausholen, aus den folgenden 2 Maschen je 1 Masche im Grundstich häkeln. (Nun hat man wieder die 4 Schlingen, die stets gleich gearbeitet werden.) Die folgende Masche im Reversestich, dann 1 tiefer gestochene Stäbchen-Masche, dann nochmals 1 Masche im Reversestich, die letzte Masche als Randmasche arbeiten.

Nun die **4.–27. Hinreihe** laut Häkelschrift arbeiten. Da die Rückreihen stets gleich sind, sind diese nur bis zur 13. Reihe eingezeichnet. Dann das Muster entsprechend fortsetzen. Nach der 27. Reihe erweitert sich das Rhomben-Muster nicht mehr, es wird stets nur über die letzten 31 Maschen des Tuches gearbeitet. Die zugenommenen Maschen werden nun stets im Streifenmuster gearbeitet. Danach die **12.–27. Hinreihe** der Häkelschrift stets wiederholen, bis ca. 2/3 der BOBBEL aufgebraucht sind. Dann für die obere Rhomben-Bordüre den Mustersatz über alle Maschen fortsetzen. Dazu die Maschen von links einteilen, um die Mustersätze (MS) zu markieren. Die Zunahmen weiterhin fortführen und die zugenommenen Maschen nach und nach in das Rhombenmuster mit einfügen. Kurz vor Ende der BOBBEL die Maschen abketten.

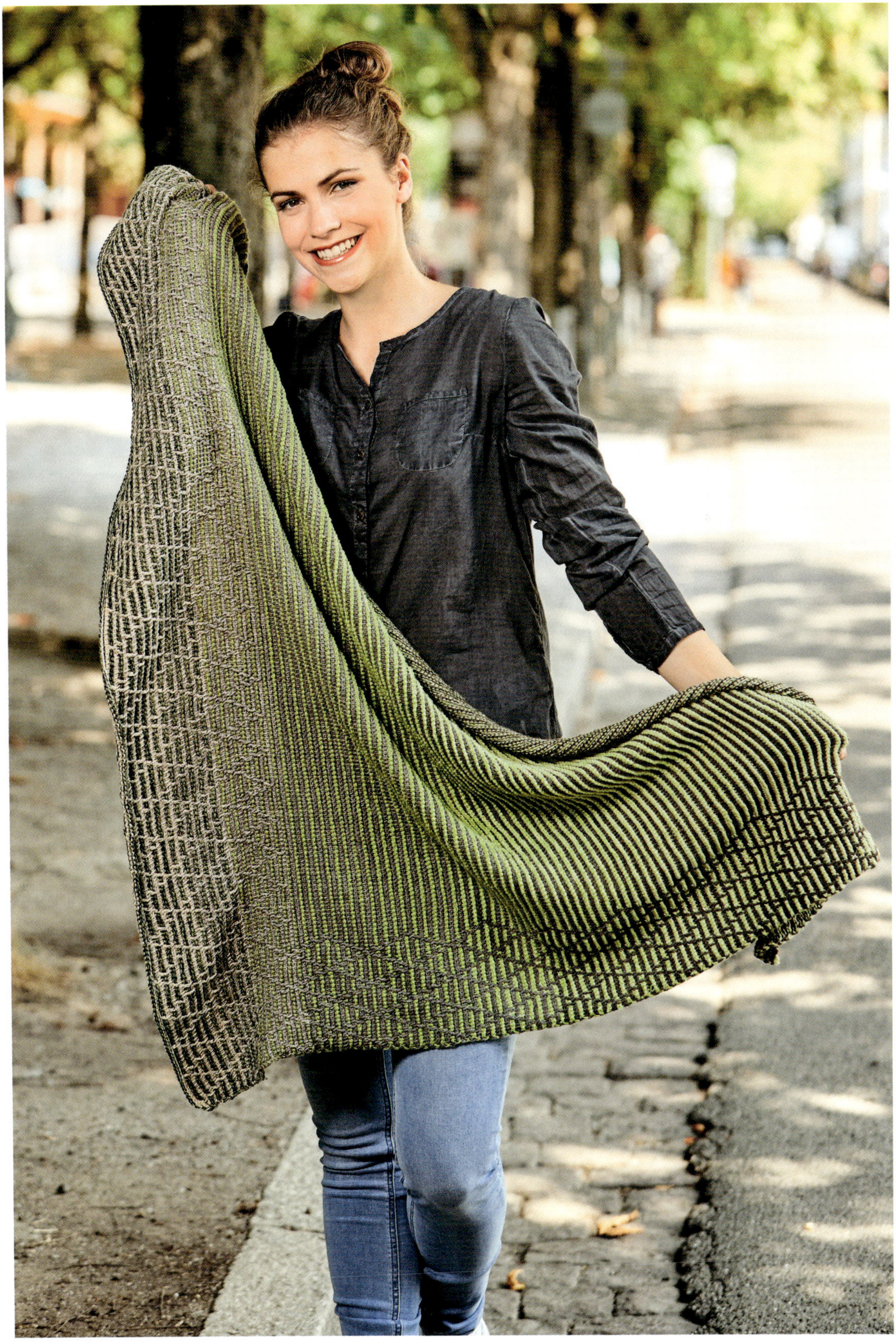

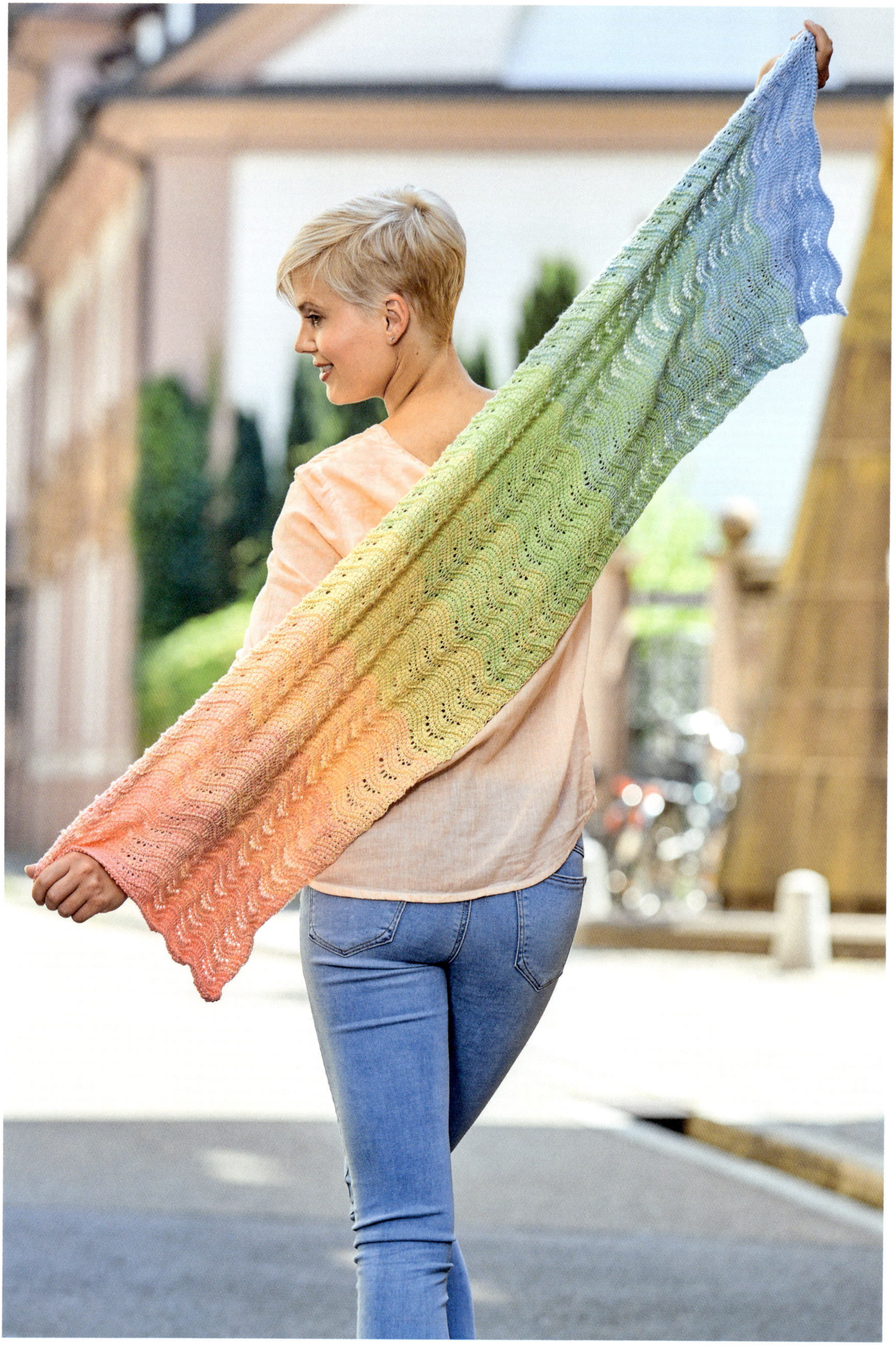

Video-Link:
goo.gl/QDk6F9

STOLA
Frühlingswellen

Größe: 115 x 36 cm

MATERIAL

- Woolly Hugs BOBBEL-COTTON (50 % Baumwolle, 50 % Polyacryl, Lauflänge ca. 800 m/200 g) von L&K (www.VeronikaHug.com): 1 BOBBEL in Wunschfarbe (Original in Farbe Nr. 17)
- 1 Tunesische Häkelnadel mit Seil Nr. 4–5 von addiClick by Woolly Hugs

Anschlag, Grundstich, Reversestich und Abketten

Siehe Workshop Seite 58–61.

Wellenmuster

Laut Häkelschrift arbeiten. Maschenzahl teilbar durch 18 + 1 zusätzliche Masche, damit das Muster rechts und links aufgeht. Die Zahlen rechts außen bezeichnen die Hinreihen, links außen die Rückreihen. Die **1.–7. Hin- und Rückreihe** 1 x arbeiten, dann die **2.–7. Hin- und Rückreihe** stets wiederholen.

Maschenprobe

25 Maschen und 19 Reihen = 10 x 10 cm

SO WIRD´S GEMACHT

91 Luftmaschen locker anschlagen und aus der Rückseite der Luftmaschenkette aus der 90.–1. Luftmasche wie im Workshop beschrieben je 1 Masche auffassen = 91 Maschen insgesamt. In der folgenden Rückreihe die Maschen wie im Workshop beschrieben abhäkeln (= **Anschlagreihe**). Danach die **1.–6. Hin- und Rückreihe** stets wiederholen. Kurz vor Ende des BOBBELs alle Maschen laut Workshop abketten.

Zeichenerklärung

- · = 1 Luftmasche
- **0** = 1 Anfangsschlinge
- **I** = 1 Masche im Grundstich
- ~ = in einer Rückreihe 2 Schlingen abmaschen
- R = 1 Reversestich
- 2 = in einer Rückreihe 3 Schlingen abmaschen
- MS = Mustersatz

Häkelschrift

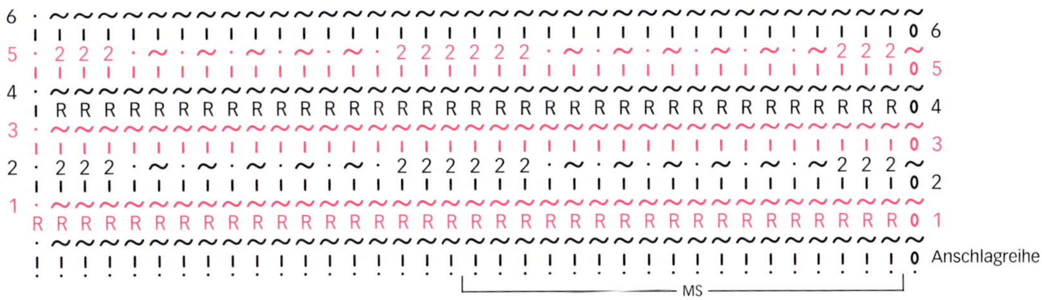

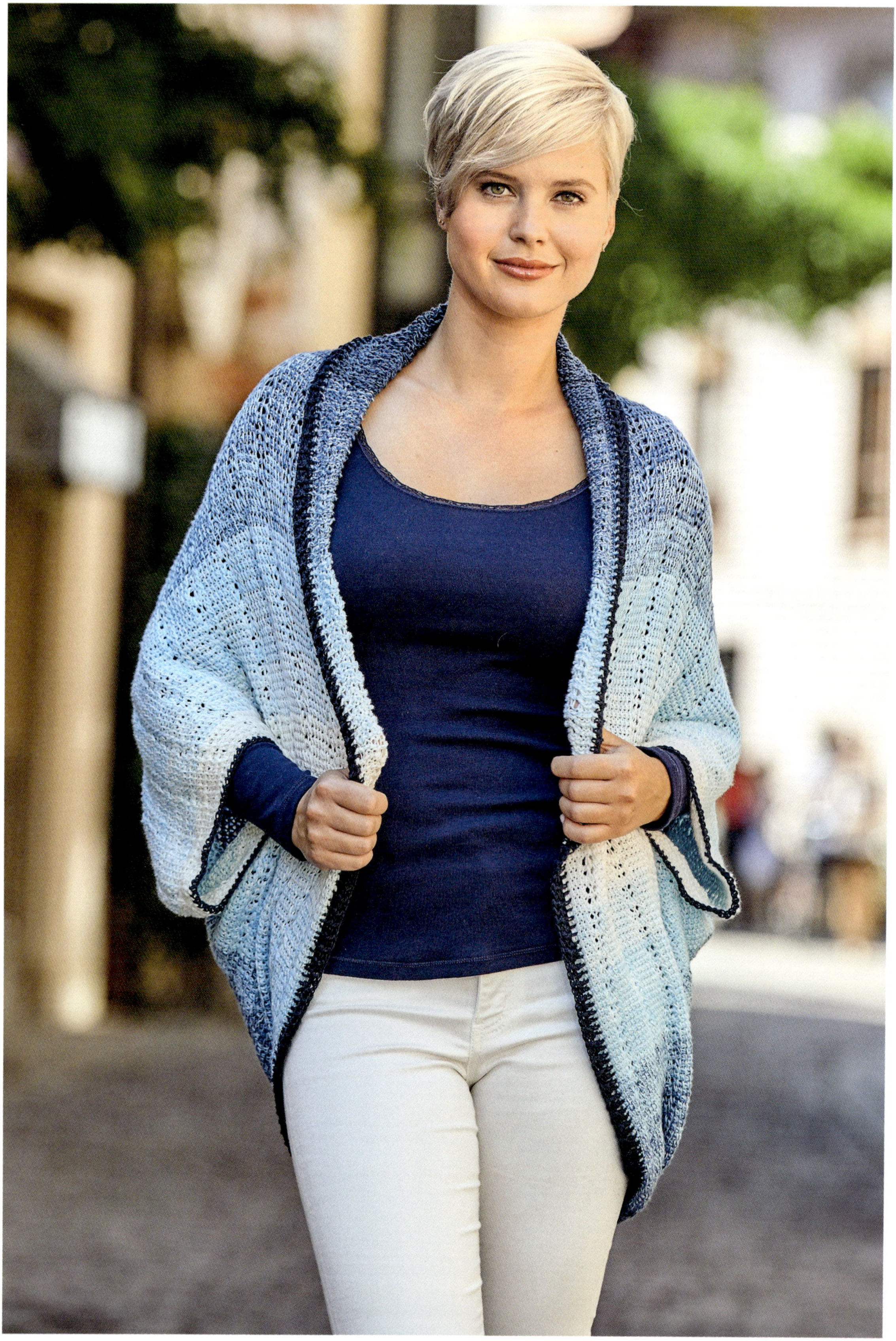

Video-Link:
goo.gl/QDk6F9

SEELENWÄRMER Meeresbrise

Einheitsgröße: 38–48

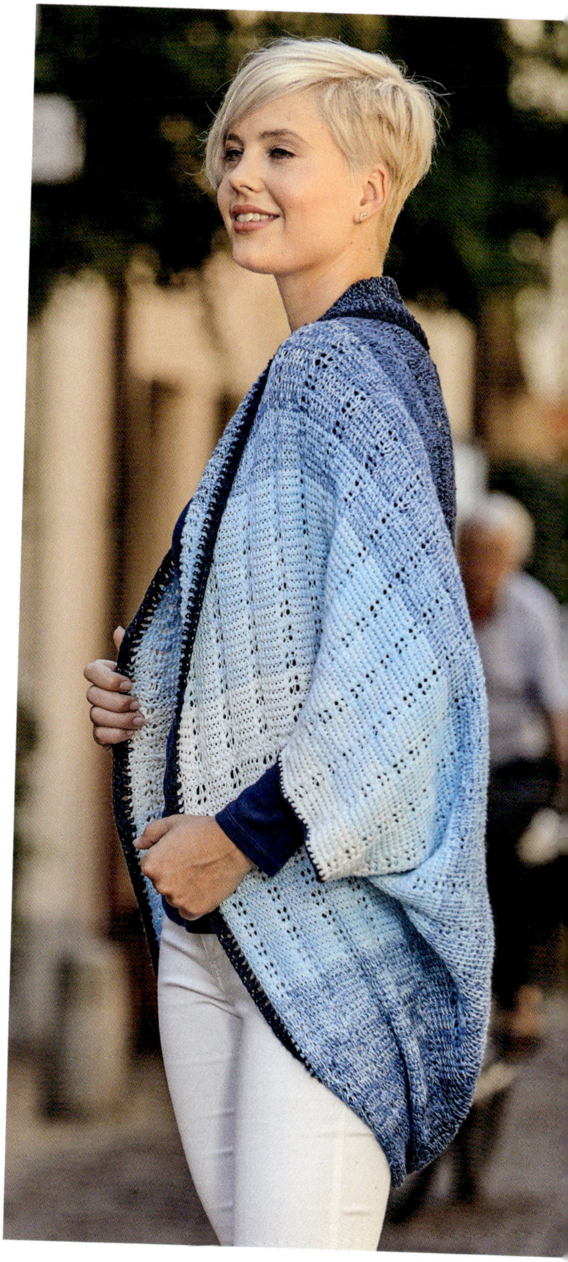

MATERIAL

- Woolly Hugs BOBBEL-COTTON (50 % Baumwolle, 50 % Polyacryl, Lauflänge ca. 800 m/200 g) von L&K (www.VeronikaHug.com): 2 BOBBEL in Wunschfarbe (Original in Farbe Nr. 03)
- 1 Tunesische Häkelnadel mit Seil Nr. 4–5 von addiClick by Woolly Hugs

Anschlag, Grundstich und Abketten

Siehe Workshop Seite 58–59.

Ajourmuster

Laut Häkelschrift arbeiten. Maschenzahl teilbar durch 9 + 2 zusätzliche Maschen, damit das Muster rechts und links aufgeht. Die Zahlen rechts außen bezeichnen die Hinreihen, links außen die Rückreihen. Die **1.–4. Hin- und Rückreihe** 1 x arbeiten, dann die **3. und 4. Hin- und Rückreihe** stets wiederholen.

Maschenprobe im Ajourmuster

20 Maschen und 15 Reihen = 10 x 10 cm

SO WIRD´S GEMACHT

Beginnend an der im Tragen linken Seitenkante 227 Luftmaschen locker anschlagen und aus der Rückseite der Luftmaschenkette aus der 226.–1. Luftmasche wie im Workshop beschrieben je 1 Masche auffassen = 227 Maschen insgesamt. In der folgenden Rückreihe die Maschen wie im Workshop beschrieben abhäkeln (**= Anschlagreihe**). Danach im Ajourmuster weiterarbeiten. Es entsteht ein Häkelteil mit ca. 112 cm Breite. Nach ca. 50 cm ab Anschlag

ist die rückwärtige Mitte erreicht. Nun den Garnrest abwiegen und vom 2. BOBBEL die gleiche Garnmenge abwickeln.
Anschließend mit dem 2. BOBBEL die zweite Hälfte des Seelenwärmers arbeiten. Nach insgesamt 100 cm ab Anschlag alle Maschen abketten.

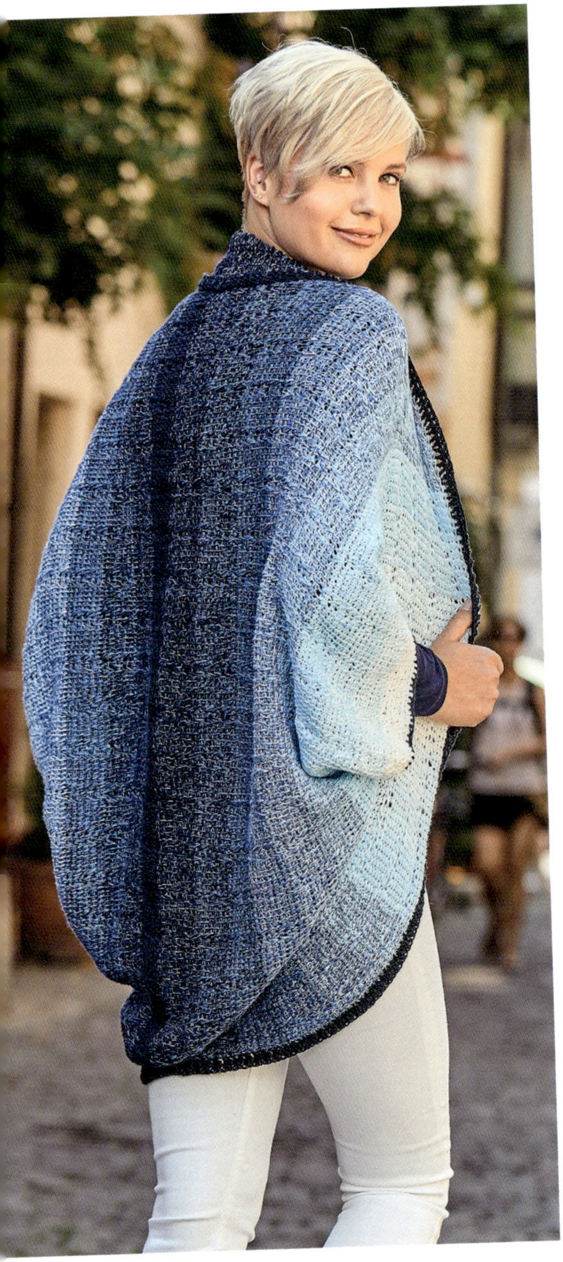

Fertigstellung: Die Seitenkanten aufeinanderlegen, sodass ein Rechteck von 100 x 56 cm entsteht. Die unteren 38 cm auf der kürzeren Seite beidseitig schließen, die oberen 18 cm bleiben für die Armausschnitte offen. Die Armausschnittkanten mit dem restlichen Garn mit 1 Runde fester Maschen umhäkeln. Die restliche Kante ringsum mit 1 Runde halber Stäbchen und 1 Runde Reliefstäbchen umhäkeln. Dabei in der 2. Runde abwechselnd 1 Reliefstäbchen von vorn und 1 Reliefstäbchen von hinten häkeln. Jede Runde mit 1 zusätzlichen Luftmasche für die Höhe beginnen und mit 1 Kettmasche in die 1. Masche schließen.

Häkelschrift

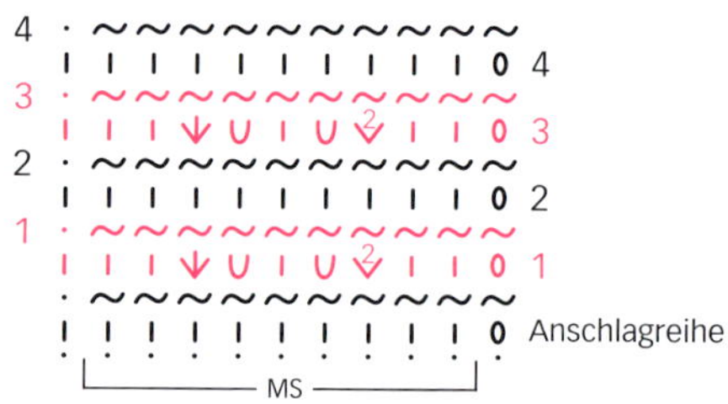

Zeichenerklärung

· = 1 Luftmasche

0 = 1 Anfangsschlinge

I = 1 Masche im Grundstich

~ = in einer Rückreihe 2 Schlingen abmaschen

∜ = in einer Hinreihe in 2 senkrechte Maschenglieder wie für den Grundstich einstechen und den Faden durchholen, dabei den Faden mit der Häkelnadel von unten kommend erfassen (= 1 Abnahme)

↓ = in einer Hinreihe in 2 senkrechte Maschenglieder wie für den Grundstich einstechen und den Faden durchholen, dabei den Faden mit der Häkelnadel von oben kommend erfassen (= 1 Abnahme)

U = 1 Umschlag (den Faden von hinten nach vorn um die Nadel legen)

MS = Mustersatz

Video-Link:
goo.gl/QDk6F9

TUCH
Gitter-Stäbchen

Größe: ca. 200 x 100 cm

MATERIAL

- Woolly Hugs BOBBEL-COTTON (50 % Baumwolle, 50 % Polyacryl, Lauflänge ca. 800 m/200 g) von L&K (www.VeronikaHug.com): 1 BOBBEL in Wunschfarbe (Original in Farbe Nr. 27)
- 1 Tunesische Häkelnadel mit Seil Nr. 4–5 von addiClick by Woolly Hugs

Anschlag und Grundstich
Siehe Workshop Seite 58–59.

Häkelblume 1
1. Runde: In einen Fadenring 12 Stäbchen häkeln, dabei das 1. Stäbchen durch 3 Luftmaschen ersetzen und die Runde mit 1 Kettmasche in die oberste Ersatz-Luftmasche schließen; **2. Runde:** 1 Luftmasche für die Höhe, * 1 feste Masche, 2 Luftmaschen, 4 Stäbchen und 2 Luftmaschen in die folgende Masche, ab * stets wiederholen, enden mit 1 Kettmasche in die 1. feste Masche.

Häkelblume 2
1. Runde: In einen Fadenring 8 feste Maschen häkeln, dabei diese und jede folgende Runde mit 1 zusätzlichen Luftmasche beginnen und mit 1 Kettmasche in die 1. feste Masche schließen; **2. Runde:** Je 2 feste Maschen in jede Masche häkeln = 16 Maschen; **3. Runde:** * 1 feste Masche, die folgende Masche mit 3 Luftmaschen übergehen, ab * stets wiederholen, enden mit 1 Kettmasche in die 1. feste Masche; **4. Runde:** Mit 1 Kettmasche zum 1. Luftmaschen-Bogen vorgehen, um jeden Bogen 1 feste Masche, 1 halbes Stäbchen, 3 Stäbchen, 1 halbes Stäbchen und 1 feste Masche häkeln. Die Runde mit 1 Kettmasche in die 1. feste Masche schließen.

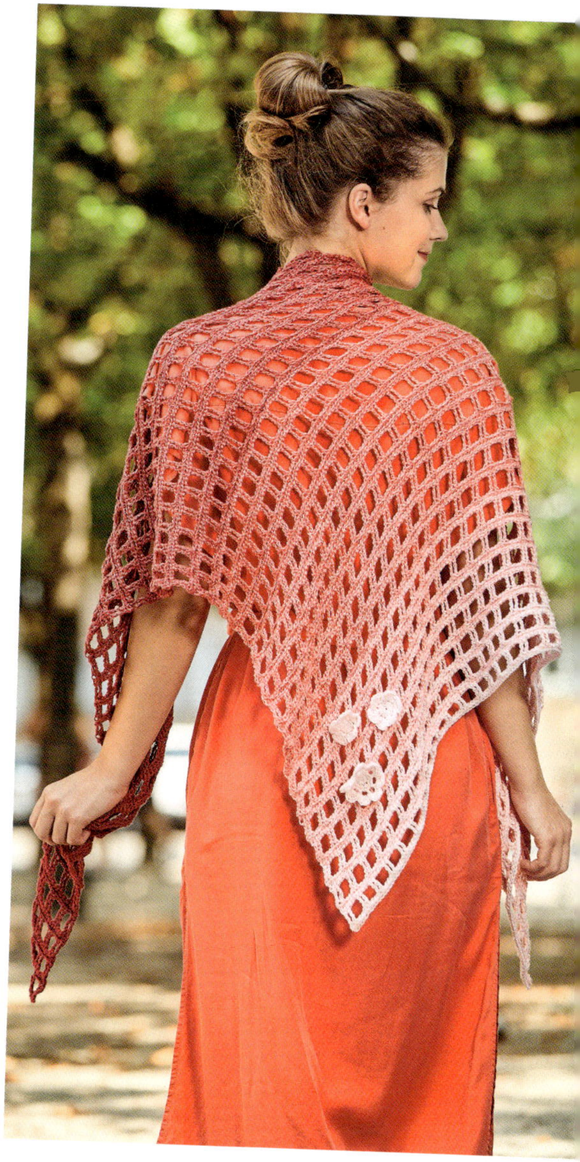

Maschenprobe im Gittermuster
20 Maschen und 20 Reihen = 10 x 10 cm

SO WIRD´S GEMACHT

Hinweis: Bitte beachten, dass hier nach der Hinreihe mal gewendet und mal nicht gewendet wird. Deshalb ist jede Reihe durchnummeriert. An einer seitlichen Spitze des Dreieckstuches beginnend 7 Luftmaschen locker anschlagen und für die **1. Reihe (= Anschlagreihe)** aus der Rückseite der Luftmaschenkette aus der 6.–1. Luftmasche wie im Workshop beschrieben je 1 Masche auffassen = 7 Maschen insgesamt. In der **2. Reihe** die Maschen wie im Workshop beschrieben abhäkeln. **3. Reihe:** 4 Luftmaschen als Ersatz für das 1. Doppelstäbchen, * 1 Doppelstäbchen (2 Umschläge auf die Nadel legen, in die senkrechte Schlinge der 2. Masche und die quer liegende Schlinge zwischen der 2. und 3. Masche einstechen, Faden holen und durchziehen, insgesamt 3 x den Faden holen und jeweils durch 2 Schlingen ziehen), die folgenden 3 Maschen mit 3 Luftmaschen übergehen, 1 Doppelstäbchen in die folgende Masche und dabei wieder wie beschrieben einstechen **, enden mit 1 Doppelstäbchen in die letzte Masche, dabei wie bei einer Randmasche einstechen; **4. Reihe (Arbeit wenden):** 1 Luftmasche, ab der 2. Masche in jedes hintere Maschenglied einstechen, Faden holen und durchziehen und als Schlinge auf der Nadel liegen lassen; **5. Reihe (ohne Wenden zurück häkeln):** Wie die 2. Reihe; **6. Reihe (ohne Wenden vorhäkeln):** 1 Luftmasche, ab der 2. Masche in jedes Maschenglied 1 Kettmasche häkeln. Am Ende der Reihe für den folgenden Mustersatz (MS) 5 Luftmaschen neu dazu anschlagen; **7. Reihe (Arbeit wenden):** Aus der 4.–1. Luftmasche jeweils 1 Schlinge holen, in jede folgende Masche in das hintere Maschenglied einstechen, den Faden durchholen und ebenfalls als Schlinge auf der Nadel liegen lassen; **8. Reihe:** Wie die 2. Reihe; **9. Reihe:** Wie die 3. Reihe, jedoch von * bis ** 1 x wiederholen; **10. –15. Reihe:** Wie die 4.–9. Reihe arbeiten, jedoch stets um 1 MS erweitern. So wird in jeder 6. Reihe 1 MS zugenommen. Anschließend die 10.–15. Reihe stets wiederholen, bis der BOBBEL fast zu Ende ist, dann mit einer 12. Reihe enden, ohne jedoch am Ende Luftmaschen für den nächsten MS zu häkeln.

Fertigstellung: Aus dem restlichen Garn wunschgemäß kleine und große Häkelblumen arbeiten und auf das Tuch nähen.

Häkelschrift

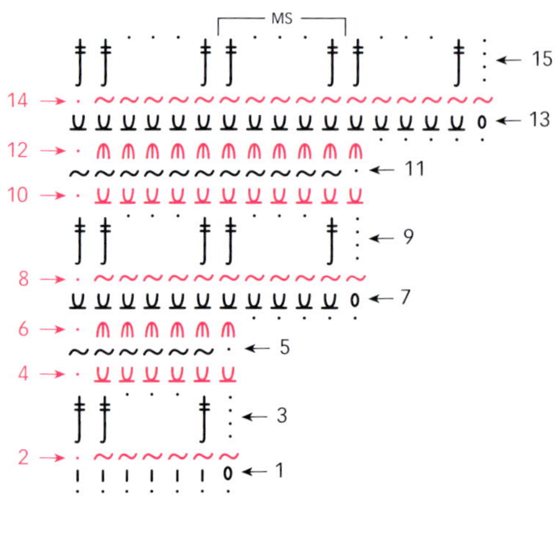

Zeichenerklärung

· = 1 Luftmasche

0 = 1 Anfangsschlinge

I = 1 Masche im Grundstich

~ = in 1 Rückreihe 2 Schlingen abmaschen

ᗰ = 1 Kettmasche, dabei wie für den Grundstich einstechen und den Faden durch beide Schlingen ziehen

U = 1 Masche im Grundstich, dabei in das hintere Maschenglied der darunterliegenden Reihe einstehen

ǂ = 1 Doppelstäbchen, dabei in die senkrechte darunterliegende Masche und die quer liegende Schlinge zwischen der eigentlichen Masche und der folgenden Masche einstechen

⇆ = Arbeitsrichtung

MS = Mustersatz

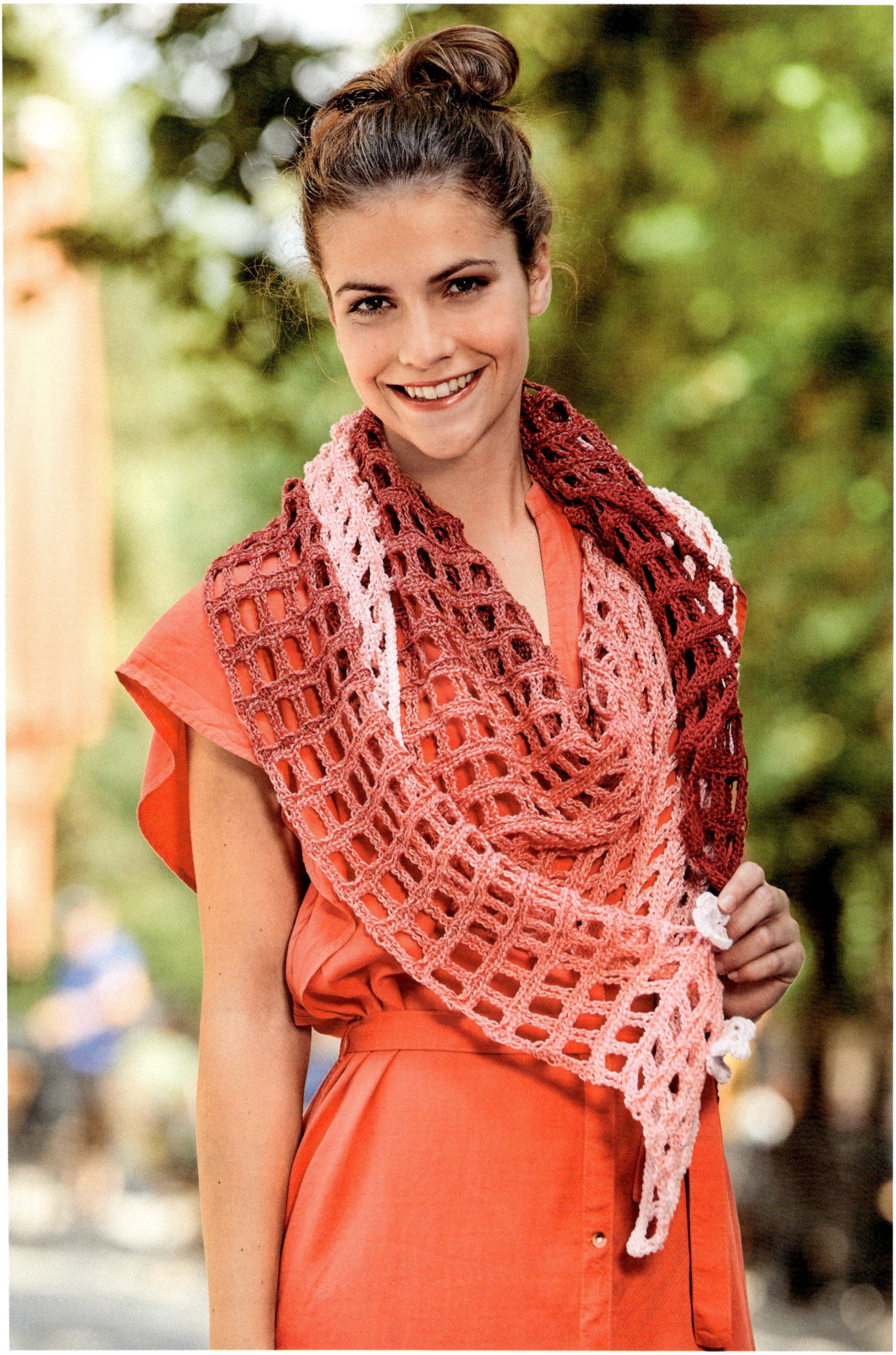

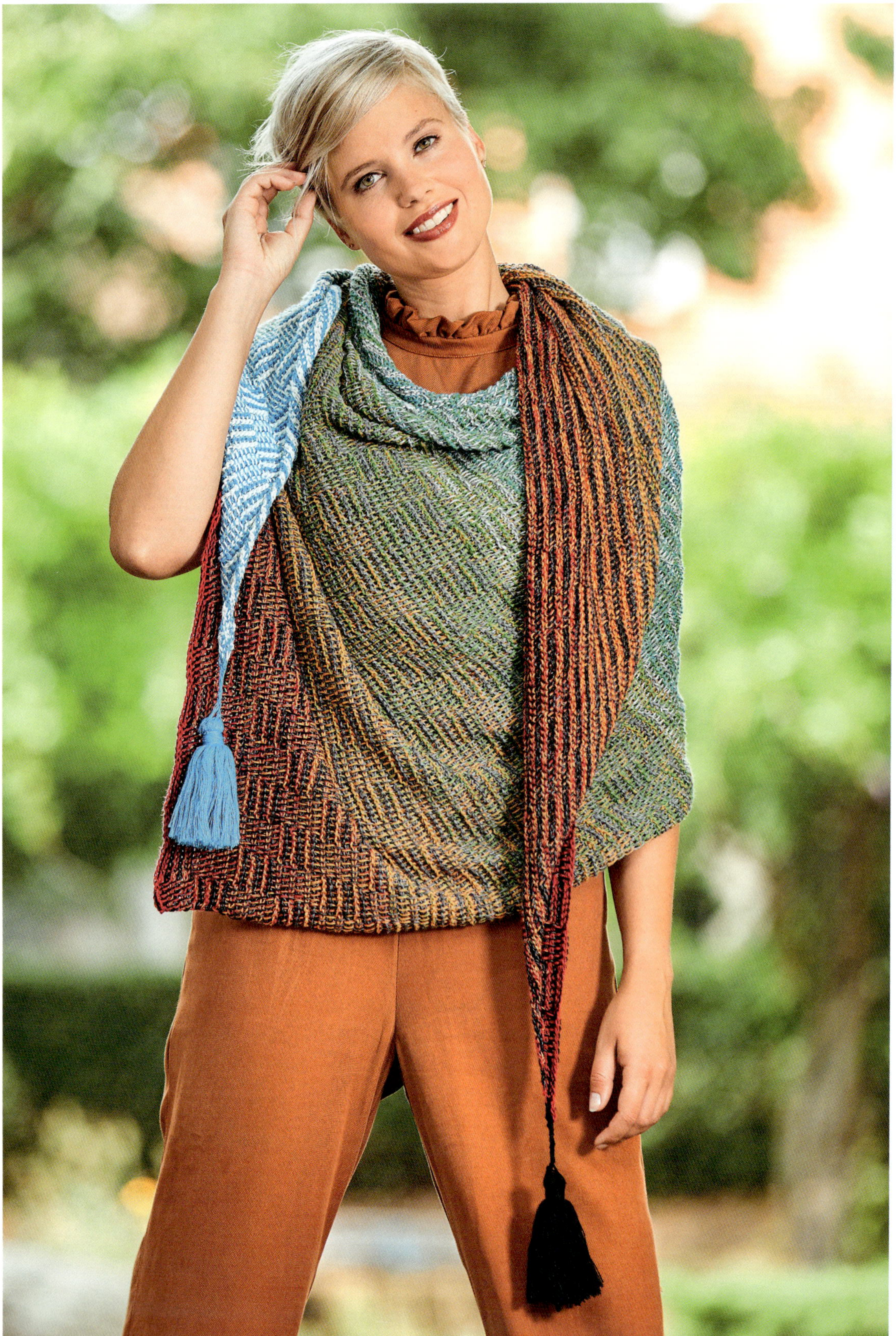

Video-Link:
goo.gl/QDk6F9

TUCH
Tartan-Look

Größe: ca. 215 x 110 cm

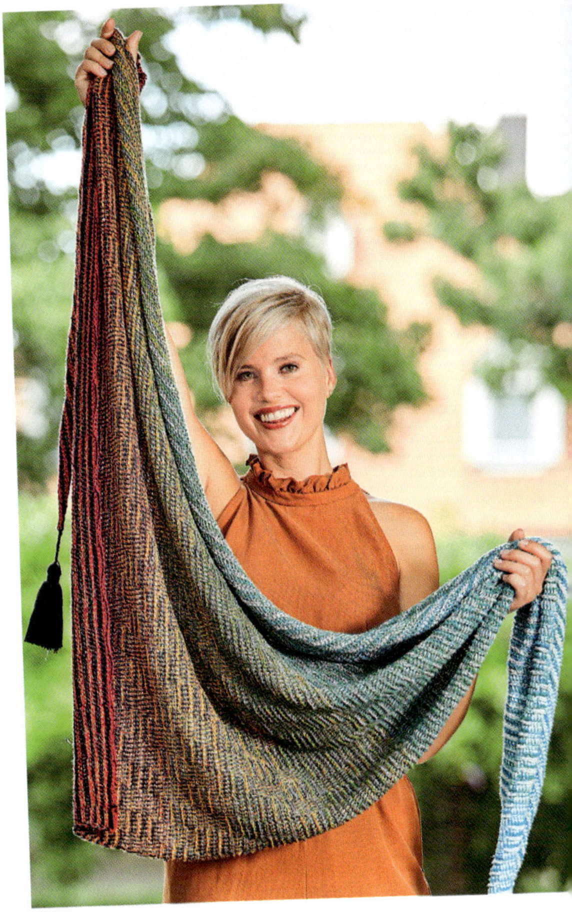

MATERIAL

- Woolly Hugs BOBBEL-COTTON (50 % Baumwolle, 50 % Polyacryl, Lauflänge ca. 800 m/200 g) von L&K (www.VeronikaHug.com): 2 BOBBEL in Wunschfarbe (Original in Farbe Nr. 09 und Nr. 16)
- 1 Tunesische Häkelnadel mit Seil Nr. 4–5 von addiClick by Woolly Hugs

Hinweis: Vom BOBBEL der Farbe Nr. 16 ca. 6–8 g des ersten Farbabschnitts abwickeln. Dieses abgewickelte Garn wird später für eine der Quasten verwendet.

Anschlag, Grundstich und Reversestich

Siehe Workshop Seite 58–61.

Streifenmuster

1 Reihe Grundstich, 1 Reihe Reversestich im Wechsel

Maschenprobe im Grundstich

20 Maschen und 20 Reihen = 10 x 10 cm

SO WIRD´S GEMACHT

Mit dem 1. BOBBEL 3 Luftmaschen anschlagen und aus der Rückseite der Luftmaschenkette aus der 2. und 1. Luftmasche wie im Workshop beschrieben je 1 Masche auffassen = 3 Maschen insgesamt.
Nun mit dem 2. BOBBEL den Faden holen und durch die 1. Schlinge ziehen, dann stets den Faden holen und durch 2 Schlingen ziehen (= **Anschlagreihe**).

1. Hinreihe: 2 Luftmaschen arbeiten. Die Schlinge auf der Nadel bildet die 1. Masche. Aus der 1. Luftmasche 1 Masche herausholen, aus der folgenden Masche 1 Masche im Grundstich arbeiten. Die folgende Masche im Reversestich, dann die letzte Masche als Randmasche arbeiten.
Rückreihen (stets gleich arbeiten): Farbwechsel vornehmen. Dafür den neuen Faden

auf der Rückseite stets hinter dem bisher verwendeten Faden hochholen. Nun 1 Schlinge abschlingen, dann stets den Faden holen und durch 2 Schlingen ziehen, bis alle Maschen abgemascht sind.

2. Hinreihe: 1 Luftmasche arbeiten. Die Schlinge auf der Nadel bildet die 1. Masche. (**Hinweis:** Bis zu den ersten 3 Schlingen auf der Nadel arbeitet man stets gleich.) Aus den folgenden 2 Maschen je 1 Masche im Grundstich arbeiten. (Nun hat man 3 Schlingen auf der Nadel – dies sind die 3 Schlingen, die stets gleich gearbeitet werden.) Die folgenden 2 Maschen im Reversestich, die letzte Masche als Randmasche arbeiten.

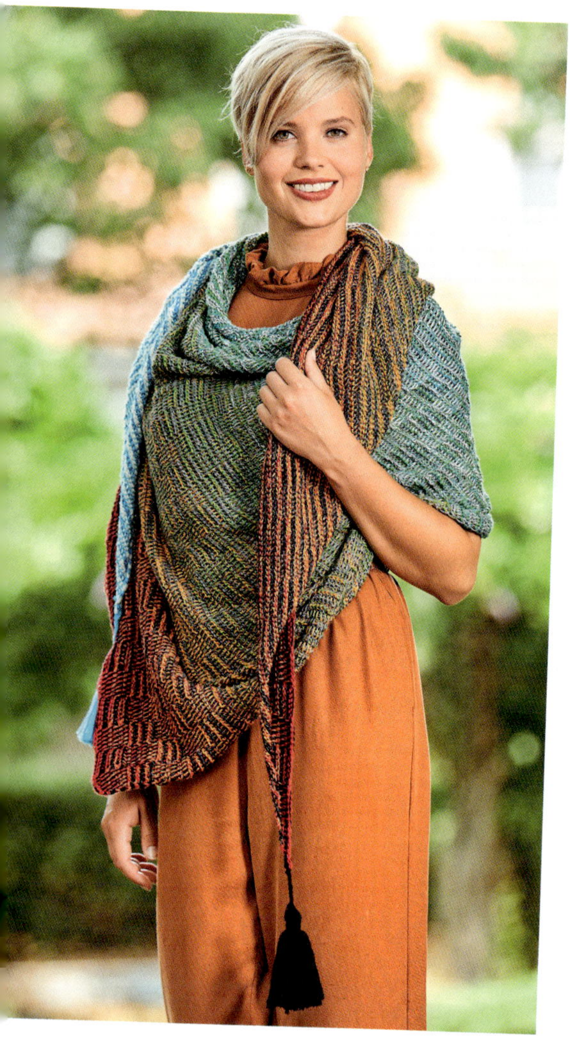

3. Hinreihe: 2 Luftmaschen arbeiten. (In ungeraden Reihen stets zu Beginn 2 Luftmaschen, in geraden Reihen stets 1 Luftmasche arbeiten.) Die Schlinge auf der Nadel bildet die 1. Masche. Aus der 1. Luftmasche 1 Masche herausholen, aus der folgenden Masche 1 Masche im Grundstich arbeiten. (Nun hat man wieder die 3 Schlingen, die stets gleich gearbeitet werden.) Die folgenden 4 Maschen im Reversestich, die letzte Masche als Randmasche arbeiten.

4. Hinreihe: 1 Luftmasche arbeiten. Die Schlinge auf der Nadel bildet die 1. Masche. Aus den folgenden 2 Maschen je 1 Masche im Grundstich arbeiten. (Nun hat man wieder die 3 Schlingen, die stets gleich gearbeitet werden.) Die folgenden 5 Maschen im Reversestich, die letzte Masche als Randmasche arbeiten.

5. Hinreihe: 2 Luftmaschen. Die Schlinge auf der Nadel bildet die 1. Masche. Aus der 1. Luftmasche 1 Masche herausholen, aus der folgenden Masche 1 Masche im Grundstich arbeiten (= 3 gleiche Schlingen), 2 Maschen im Grundstich, die folgenden 5 Maschen im Reversestich, die letzte Masche als Randmasche arbeiten.

6. Hinreihe: 1 Luftmasche arbeiten. Die Schlinge auf der Nadel bildet die 1. Masche. Aus den folgenden 2 Maschen je 1 Masche im Grundstich arbeiten (= 3 gleiche Schlingen), 3 Maschen im Grundstich, die folgenden 5 Maschen im Reversestich, die letzte Masche als Randmasche arbeiten.

7. Hinreihe: (Musterwechsel: Wo bisher Reversemaschen gearbeitet wurden, arbeitet man nun die Maschen im Grundstich und umgekehrt – ausgenommen bleiben die 3 Maschen zu Beginn jeder Reihe.) 2 Luftmaschen arbeiten. Die Schlinge auf der Nadel bildet die 1. Masche. Aus der 1. Luftmasche 1 Masche herausholen, aus der folgenden Masche 1 Masche im Grundstich arbeiten (= 3 gleiche Schlingen), 5 Maschen im Reversestich, die folgenden 5 Maschen im Grundstich, die letzte Masche als Randmasche arbeiten.

Nun die **8.–21. Hinreihe** laut Häkelschrift arbeiten. Da die Rückreihen stets gleich sind, sind diese nur bis zur 8. Reihe eingezeichnet. Das Muster anschließend entsprechend fortsetzen. Zusätzlich zeigt das Zählmuster die Aufteilung der Muster-Kästchen bis zur 30. Reihe. Danach die 7.–30. Reihe des Zählmusters stets wiederholen, bis die Wunschgröße des Tuches erreicht ist bzw. die BOBBEL fast aufgebraucht sind. Danach die Maschen abketten.

Fertigstellung: Aus dem Garnrest und dem zuvor abgewickelten Garn 2 große Quasten anfertigen und laut Foto an die seitlichen Spitzen des Tuches nähen.

Häkelschrift

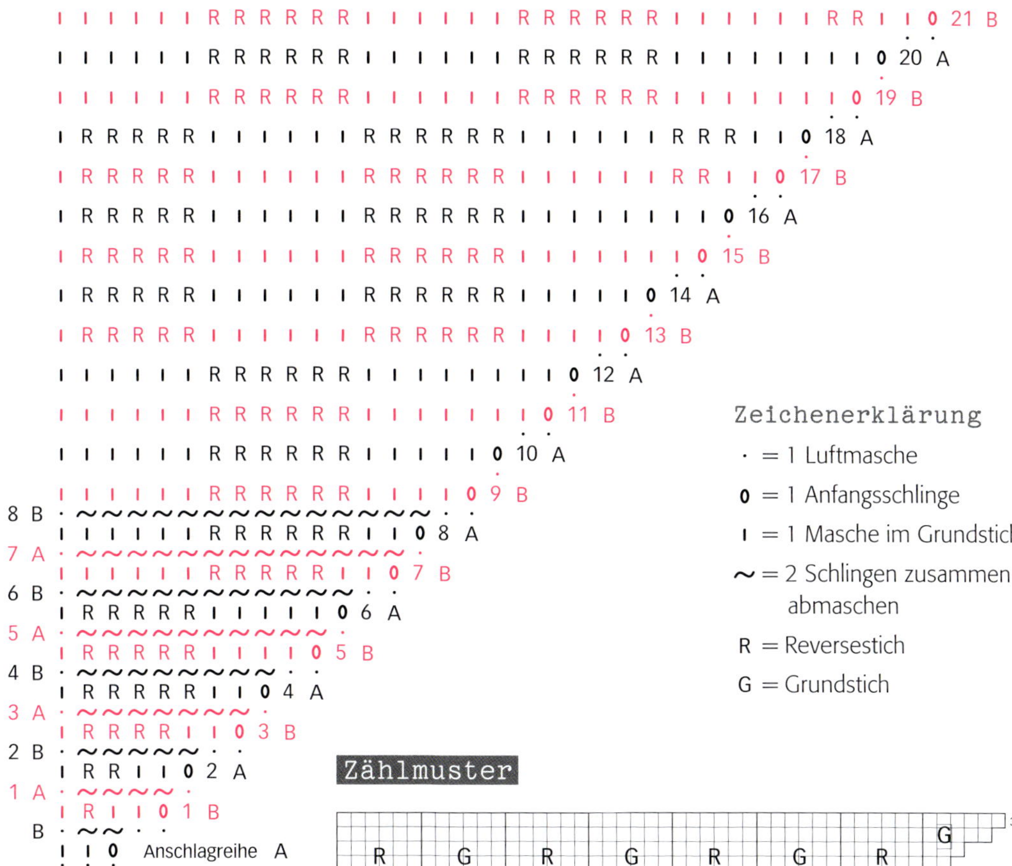

Zeichenerklärung

· = 1 Luftmasche

0 = 1 Anfangsschlinge

I = 1 Masche im Grundstich

~ = 2 Schlingen zusammen abmaschen

R = Reversestich

G = Grundstich

Zählmuster

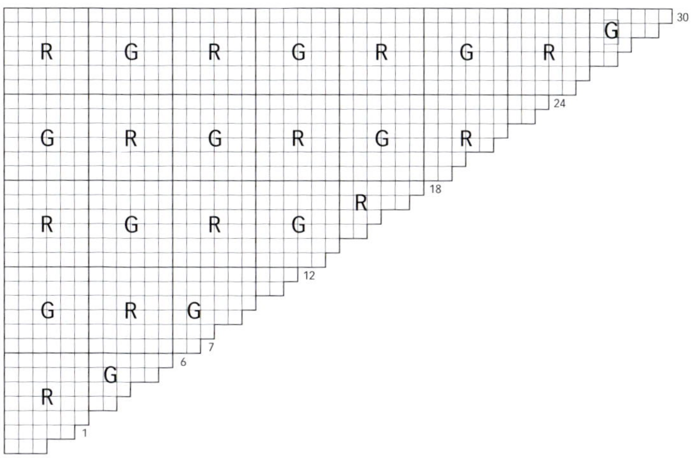

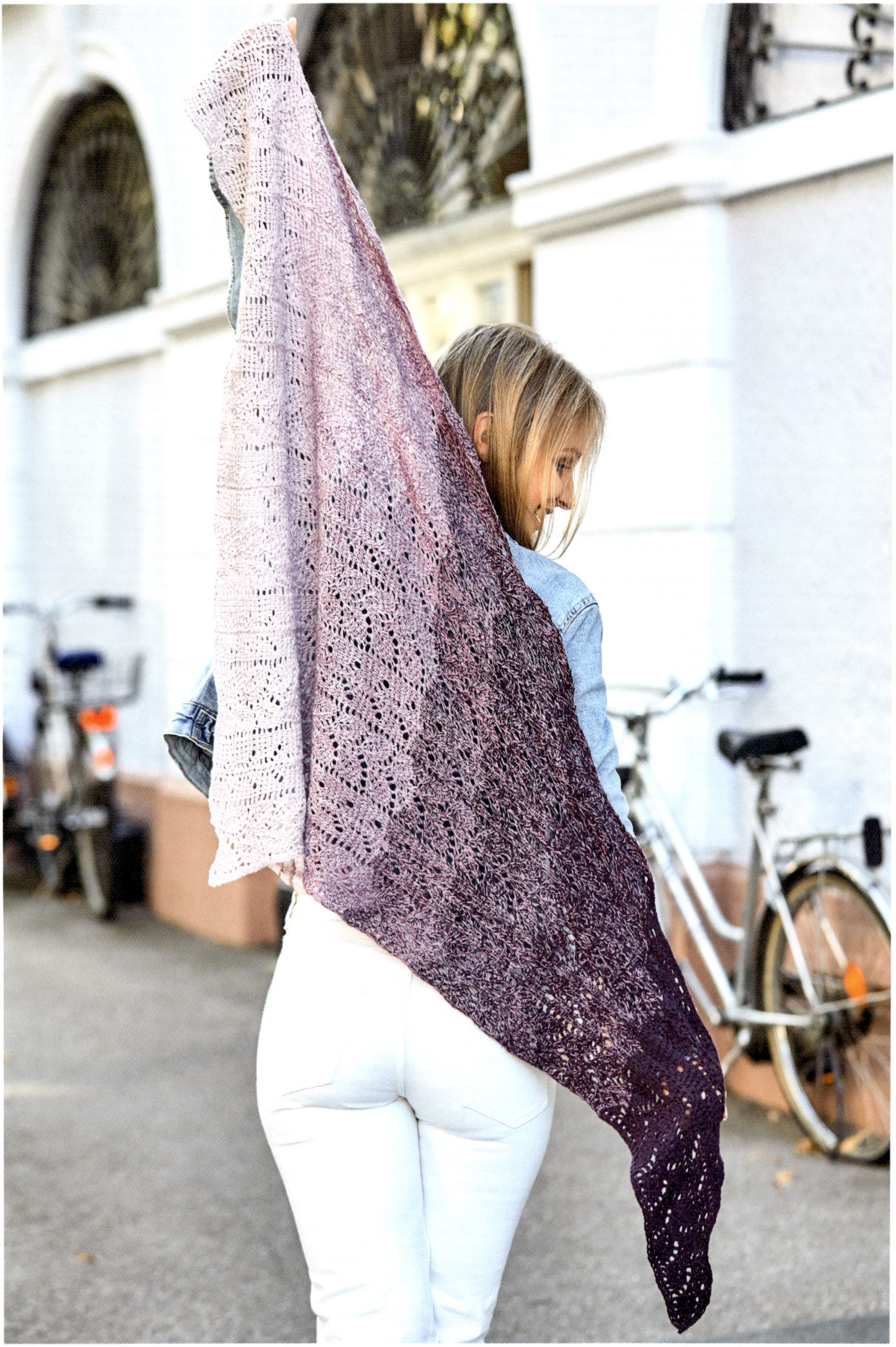

Video-Link:
goo.gl/QDk6F9

TUCH Blatt-Streifen

Größe: ca. 180 x 80 cm

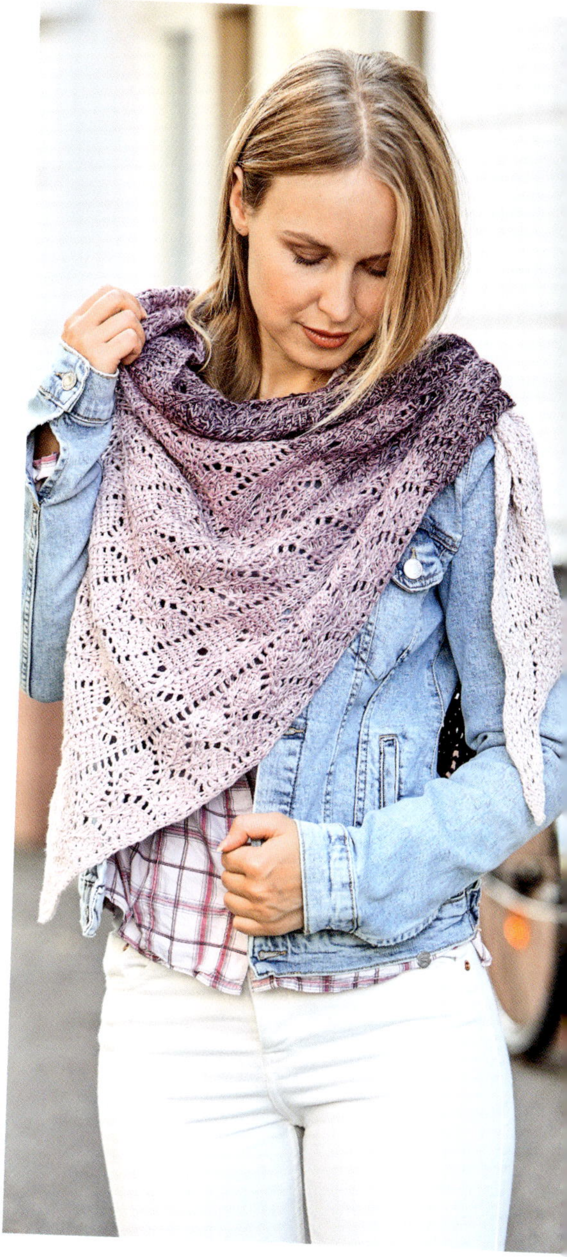

MATERIAL

- Woolly Hugs BOBBEL-COTTON (50 % Baumwolle, 50 % Polyacryl, Lauflänge ca. 800 m/200 g) von L&K (www.VeronikaHug.com): 1 BOBBEL in Wunschfarbe (Original in Farbe Nr. 22)
- 1 Tunesische Häkelnadel mit Seil Nr. 4–5 von addiClick by Woolly Hugs

Anschlag, Grundstich, Reversestich und Abketten
Siehe Workshop Seite 58–61.

Maschenprobe
18 Maschen und 15 Reihen = 10 x 10 cm

SO WIRD´S GEMACHT

An der seitlichen Spitze des Dreieckstuches beginnend 3 Luftmaschen locker anschlagen und aus der Rückseite der Luftmaschenkette aus der 2.–1. Luftmasche wie im Workshop beschrieben je 1 Masche auffassen = 3 Maschen insgesamt. Danach für die Rückreihe 1 Luftmasche häkeln, * den Faden holen und durch 2 Schlingen ziehen, * 1 x wiederholen, dann für die Erweiterung des Tuches 2 Luftmaschen häkeln (= **Anschlagreihe**). Diese Schrägung bildet später beim Tragen die obere gerade Kante.
Nun die **1. Hinreihe** wie folgt beginnen: Die Schlinge auf der Nadel bildet die 1. Masche. Aus der 1. Luftmasche wie beim Anschlag 1 Masche holen, aus den folgenden 3 Maschen je 1 Masche im Grundstich arbeiten, in die letzte Masche 1 Randmasche häkeln. Nun für

Häkelschrift

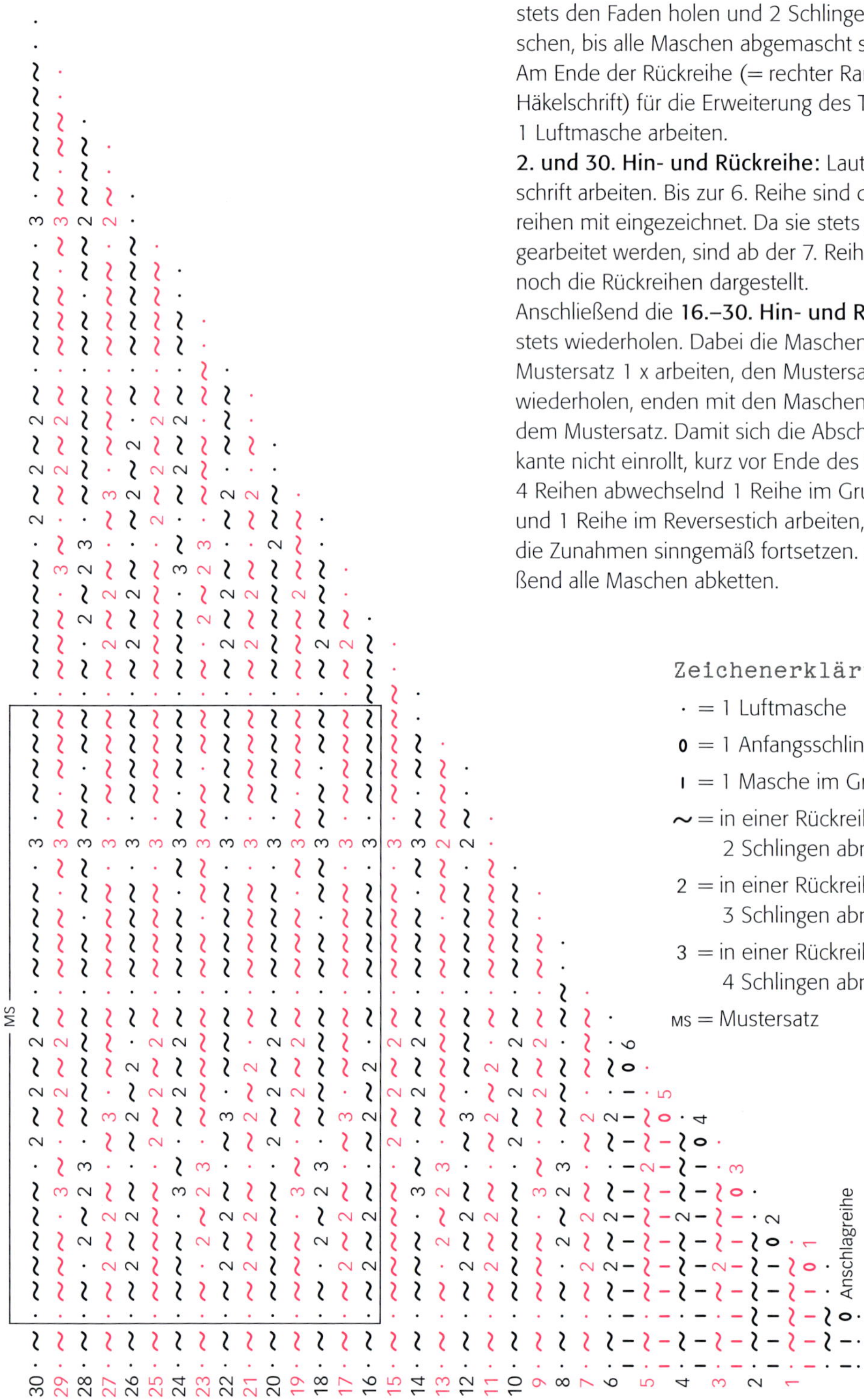

die **1. Rückreihe** 1 Luftmasche häkeln, dann stets den Faden holen und 2 Schlingen abmaschen, bis alle Maschen abgemascht sind. Am Ende der Rückreihe (= rechter Rand der Häkelschrift) für die Erweiterung des Tuches 1 Luftmasche arbeiten.

2. und 30. Hin- und Rückreihe: Laut Häkelschrift arbeiten. Bis zur 6. Reihe sind die Hinreihen mit eingezeichnet. Da sie stets gleich gearbeitet werden, sind ab der 7. Reihe nur noch die Rückreihen dargestellt.

Anschließend die **16.–30. Hin- und Rückreihe** stets wiederholen. Dabei die Maschen vor dem Mustersatz 1 x arbeiten, den Mustersatz stets wiederholen, enden mit den Maschen nach dem Mustersatz. Damit sich die Abschlusskante nicht einrollt, kurz vor Ende des BOBBELs 4 Reihen abwechselnd 1 Reihe im Grundstich und 1 Reihe im Reversestich arbeiten, dabei die Zunahmen sinngemäß fortsetzen. Anschließend alle Maschen abketten.

Zeichenerklärung

· = 1 Luftmasche

0 = 1 Anfangsschlinge

I = 1 Masche im Grundstich

~ = in einer Rückreihe 2 Schlingen abmaschen

2 = in einer Rückreihe 3 Schlingen abmaschen

3 = in einer Rückreihe 4 Schlingen abmaschen

MS = Mustersatz

Video-Link:
goo.gl/QDk6F9

PONCHO Checkerboard

Einheitsgröße: 38–48

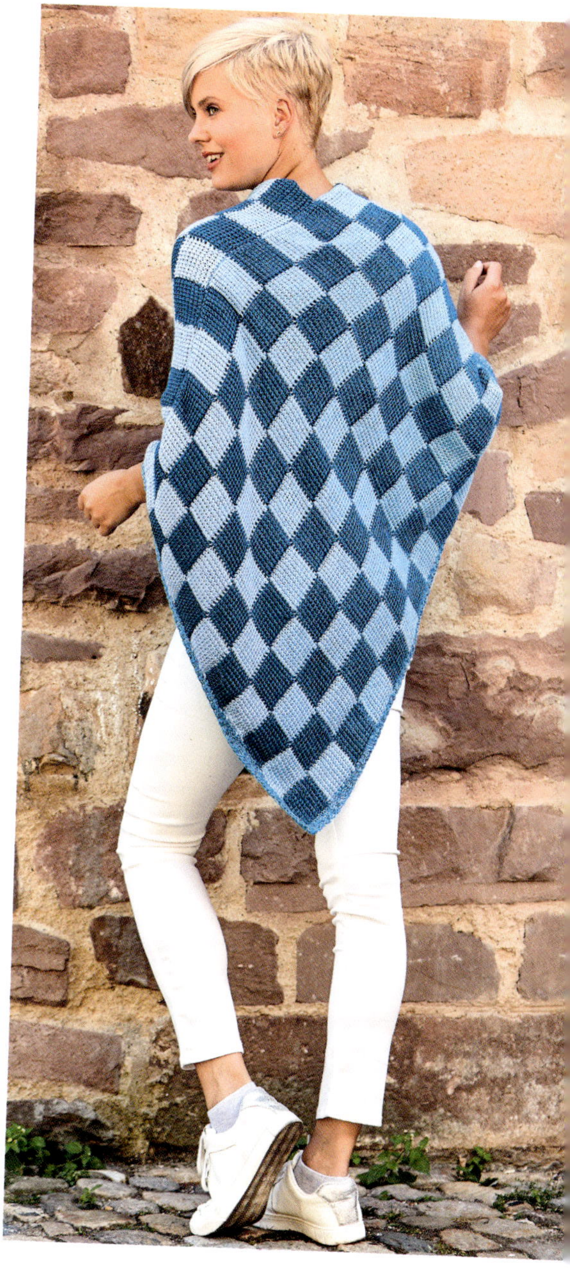

MATERIAL

- Woolly Hugs BOBBEL-COTTON (50 % Baumwolle, 50 % Polyacryl, Lauflänge ca. 800 m/200 g) von L&K (www.VeronikaHug.com): 2 BOBBEL in Wunschfarbe (Original in Farbe Nr. 23)
- 1 Tunesische Häkelnadel Nr. 4–5 von addiClick by Woolly Hugs

Anschlag, Grundstich und Abketten

Siehe Workshop Seite 58–59.

Maschenprobe

1 Quadrat aus 11 Maschen und 9 Reihen im Grundstich = 5 x 5 cm

Hinweis: Für den Farbkontrast je 1 Quadrat-Reihe mit dem 1. BOBBEL von innen und mit dem 2. BOBBEL von außen arbeiten.

SO WIRD´S GEMACHT

1. Rechteck: Im Entrelac-Muster laut Häkelschrift zu diesem Modell und laut der Beschreibung zum Tuch „Entrelac-Rainbow" von Seite 34 arbeiten.
Anschließend die Quadrat-Reihen stets um 1 Quadrat erweitern, bis insgesamt 55 Quadrate gehäkelt sind (in der letzten Reihe 10 Quadrate). Danach für die Begradigung in jeder Reihe zunächst gleich viele Quadrate arbeiten. Dafür am Pfeil E neu anschlingen und stets 10 Quadrate arbeiten. Dadurch entsteht rechts und links eine gerade Kante (siehe auch Schnitt). Nach 5 Reihen mit jeweils 10 Quadraten wieder in jeder Reihe 1 Quadrat weniger

arbeiten. Dafür am Pfeil F neu anschlingen und laut Häkelschrift arbeiten. Nach 9 Quadraten enden. In der Folge jeweils 1 Quadrat früher enden, bis nur noch 1 Quadrat in der letzten Reihe (Pfeil G) gehäkelt wird und das Rechteck aus 10 x 14 Quadraten besteht.

2. Rechteck: Genauso häkeln.

Fertigstellung: Die Teile laut Zeichen im Schnitt zusammennähen. Für die Blende an der unteren Spitze anschlingen und wie beim Poncho „Great Harmony“ auf Seite 40 arbeiten.

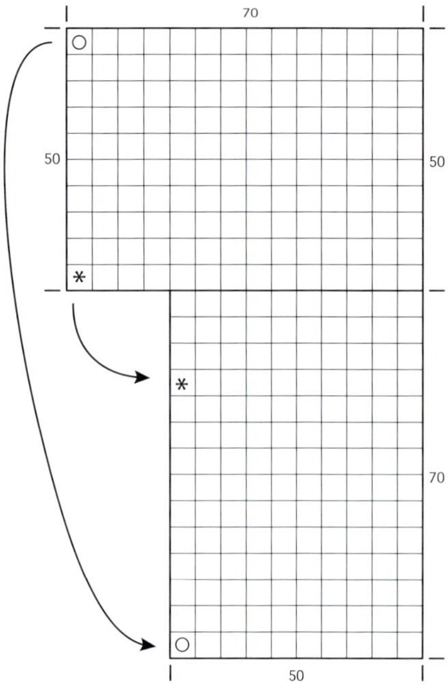

Häkelschrift

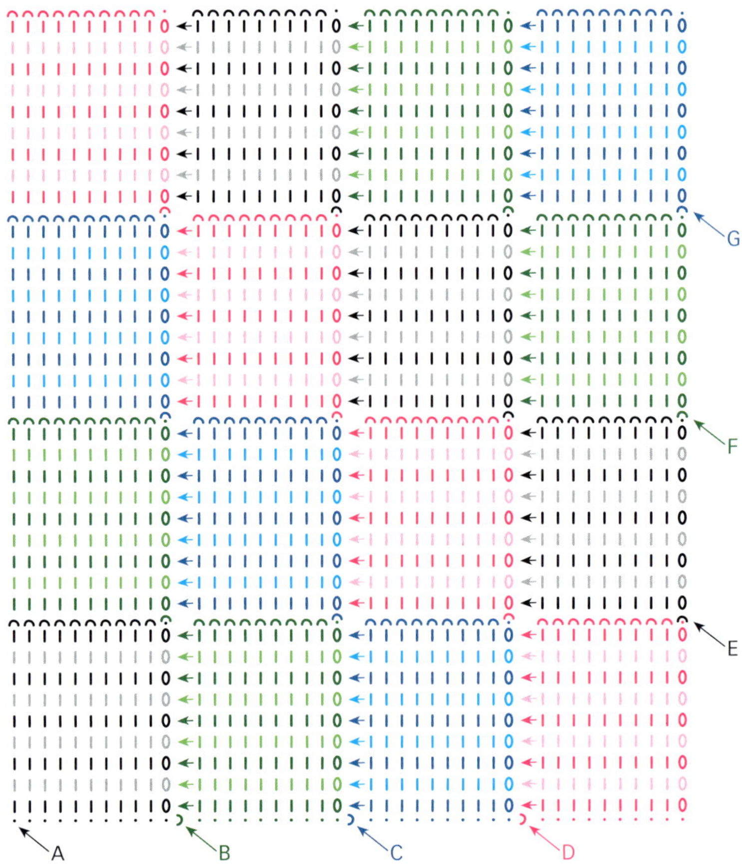

Zeichenerklärung

· = 1 Luftmasche

ᴖ = 1 Kettmasche

0 = 1 Anfangsschlinge

I = 1 Masche im Grundstich

← = am danebenliegenden Quadrat anschlingen

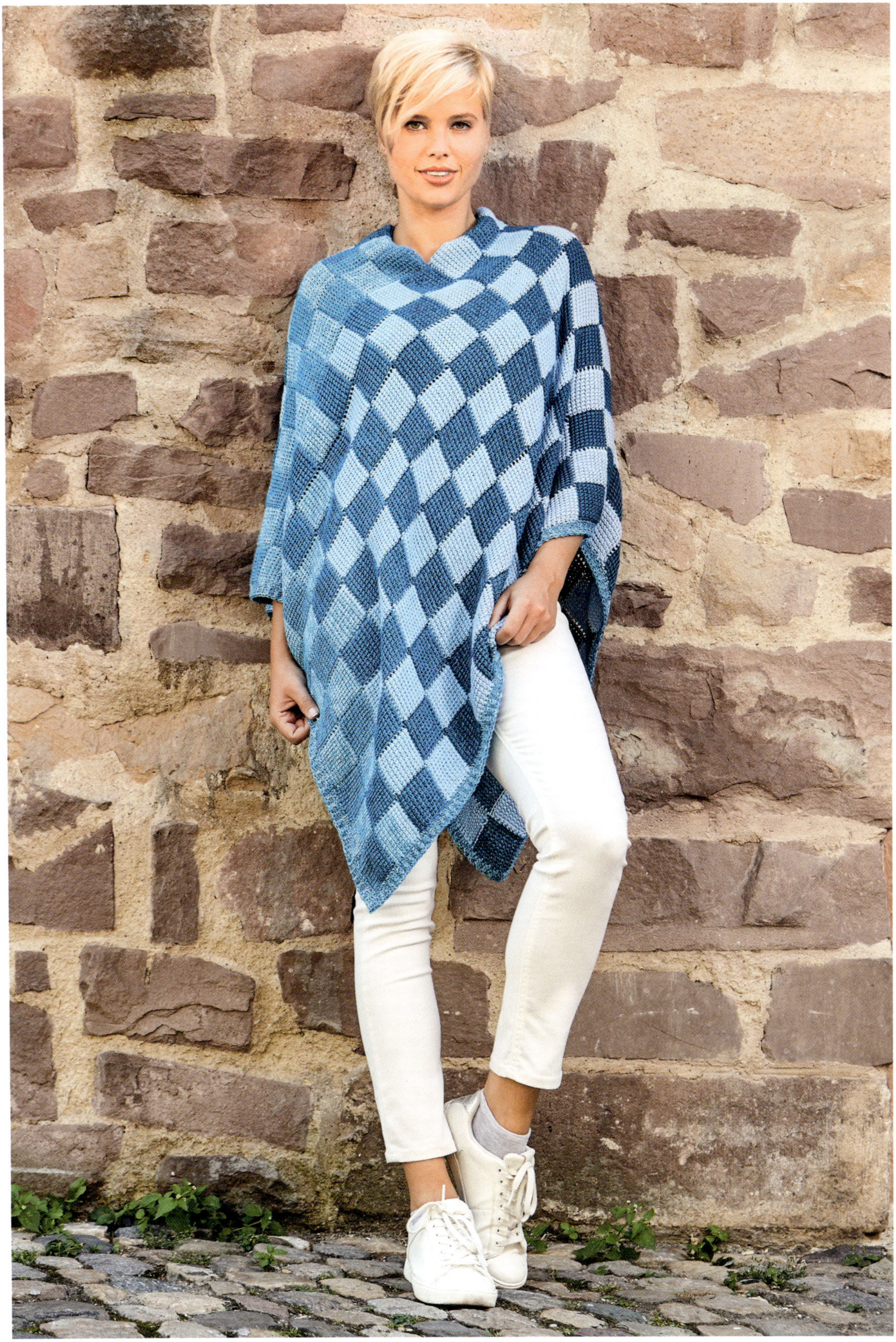

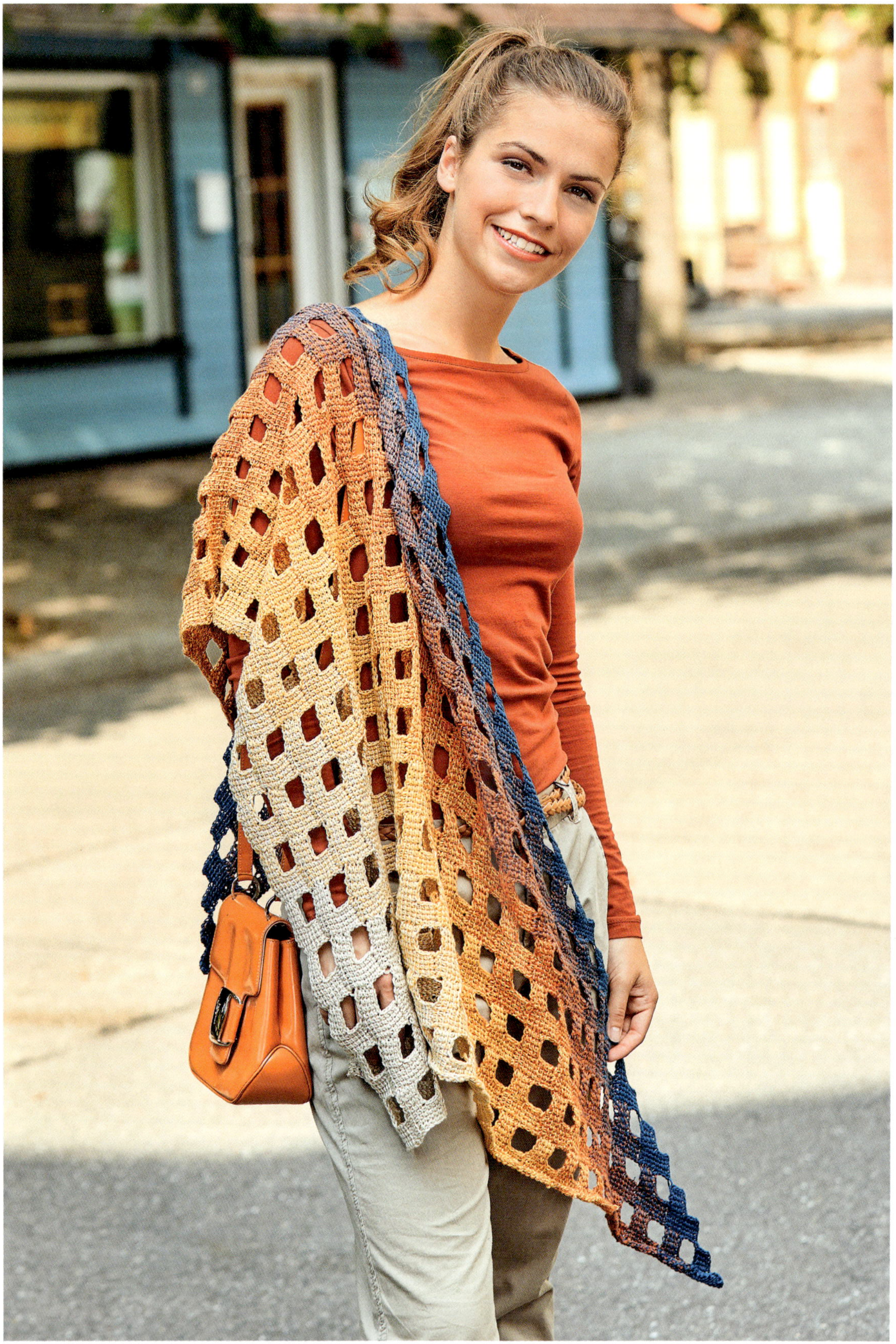

Video-Link:
goo.gl/QDk6F9

TUCH

Sweet Surprise

Größe: ca. 190 x 80 cm

MATERIAL

- Woolly Hugs BOBBEL-COTTON XTRA (50 % Baumwolle, 50 % Polyacryl, Lauflänge ca. 800 m/200 g) von L&K (www.VeronikaHug.com): 1 BOBBEL in Wunschfarbe (Original in Farbe Nr. 311)
- 1 Tunesische Häkelnadel Nr. 4–5 von addiClick by Woolly Hugs

Anschlag, Grundstich und Abketten

Siehe Workshop Seite 58–59.

Maschenprobe

1 Quadrat aus 9 Maschen und 8 Reihen im Grundstich = 4,5 x 4,5 cm

SO WIRD´S GEMACHT

Im Entrelac-Muster wie folgt häkeln:
1. Quadrat: Laut Häkelschrift arbeiten. Dafür am linken unteren Quadrat am schwarzen Pfeil beginnend 9 Luftmaschen anschlagen und die **1. Hin- und Rückreihe (= Anschlagreihe)** wie im Workshop beschrieben arbeiten.
2.–8. Hin- und Rückreihe: Laut Häkelschrift im Grundstich arbeiten und zu Beginn der 5. Reihe wie gezeichnet 1 Luftmasche häkeln und 4 Maschen mit Kettmaschen überhäkeln. Die 5.–8. Reihe geht also nur über 5 Maschen. Im Anschluss an die Rückreihe der 8. Reihe 4 Luftmaschen als Steg für das Quadrat arbeiten, das später oben angehäkelt wird. Dann nochmals 1 Luftmasche über die 4. Luftmasche häkeln und die folgenden 3 Luftmaschen und die restlichen 5 Maschen wie gezeichnet mit Kettmaschen abhäkeln. Danach den Faden abschneiden und durchziehen.
2. Quadrat (= 1. Quadrat der 2. Quadrat-Reihe): Am grünen Pfeil beginnend an der 9. Luftmasche des Luftmaschenanschlages des 1. Quadrates anschlingen und 8 Luftmaschen häkeln. **1. Hinreihe:** Die Schlinge auf der Nadel bildet die 1. Masche. Aus der 7.–1. Luftmasche jeweils 1 Schlinge aufnehmen und auf der Nadel liegen lassen (= 8 Schlingen). Die 9. Schlinge aus dem seitlichen Rand der 1. Reihe des 1. Quadrates auffassen; **1. Rückreihe:** Stets den Faden holen und durch 2 auf der Nadel liegende Schlingen ziehen, bis nur noch 1 Schlinge auf der Nadel liegt. **2.–8. Hin- und Rückreihe:** Im Grundstich und laut Häkelschrift arbeiten, dabei die letzte Schlinge jeder Hinreihe aus der folgenden Reihe des angrenzenden Quadrates auffassen. Ab der 5. Reihe die letzte Schlinge aus der darunterliegenden letzten Masche holen und diese in den folgenden Reihen als Randmasche arbeiten. Nach 8 Reihen das Quadrat wieder wie beschrieben und gezeichnet mit 4 Luftmaschen, 1 weiteren Luftmasche und mit Kettmaschen beenden, jedoch für die letzte Kettmasche unter der 1. Kettmasche des 1. Quadrates einstechen, Faden holen und durch beide Schlingen ziehen.
3. Quadrat (= 2. Quadrat der 2. Quadrat-Reihe): 1. Hinreihe: Die Schlinge auf der Nadel bildet die 1. Masche. Unter der 2.–8. Kettmasche des 1. Quadrates jeweils einstechen, den Faden durchholen und die Schlinge auf der Nadel liegen lassen = 8 Schlingen. Für die 9. Schlinge in die darunterliegende Randmasche wie gewohnt einstechen und den Faden durchholen. Nun das Quadrat wie das 2. Quadrat beenden.
4.–6. Quadrat (= 1.–3. Quadrat der 3. Quadrat-Reihe): Für das 4. Quadrat an der 8. Luftmasche des 2. Quadrates anschlingen und das 4. und 5. Quadrat wie das 2. Quadrat, das 6. Quadrat wie das 3. Quadrat arbeiten.

7.–10. Quadrat (= 1.–4. Quadrat der 4. Quadrat-Reihe): Für das 7. Quadrat an der 8. Luftmasche des 4. Quadrates anschlingen und die 4 Quadrate wie beim 2. bzw. 3. Quadrat arbeiten.

Hinweis: Die Häkelschrift zeigt nur das 1.–10. Quadrat.

Auf diese Weise fortfahren, bis die gewünschte Größe erreicht ist. Das Original besteht aus 325 Quadraten (= 25 Quadrat-Reihen). Dabei in der letzten Quadrat-Reihe (= nach 300 Quadraten) in der 8. Rückreihe jeweils keine zusätzlichen Luftmaschen mehr arbeiten, da das Tuch nach dieser Reihe endet. In diesem Fall nur die letzten 5 Maschen mit 1 Luftmasche und Kettmaschen abhäkeln.

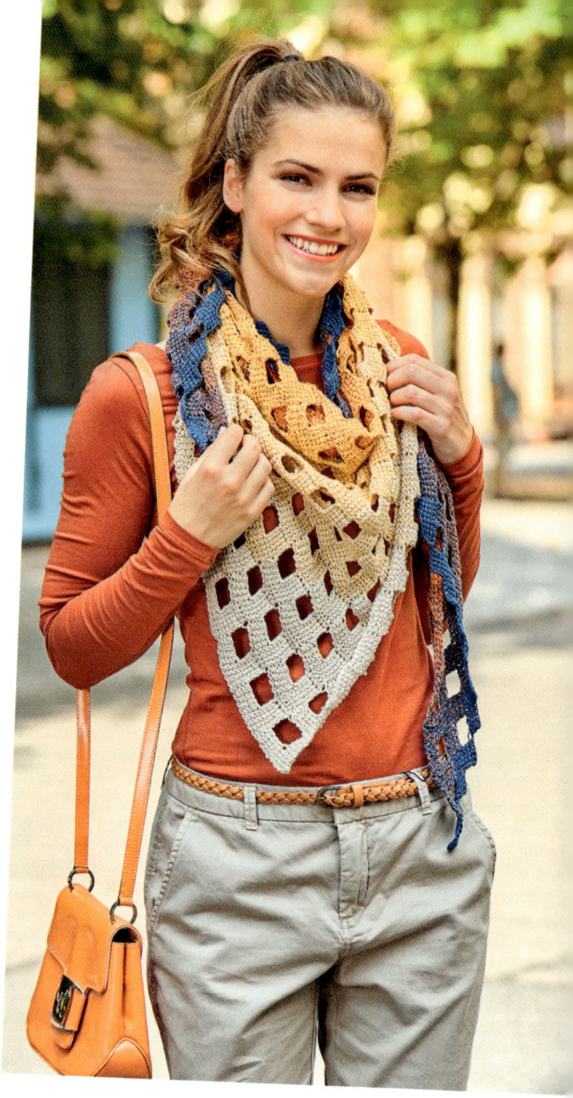

Häkelschrift

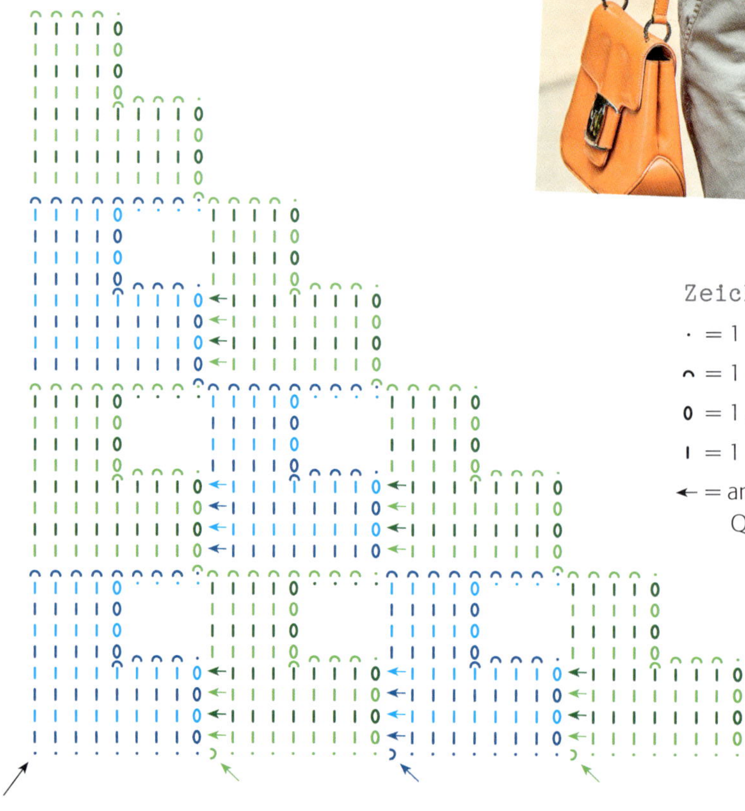

Zeichenerklärung

· = 1 Luftmasche

ᴖ = 1 Kettmasche

0 = 1 Anfangsschlinge

I = 1 Masche im Grundstich

← = am danebenliegenden Quadrat anschlingen

Video-Link:
goo.gl/QDk6F9

DRACHENSCHAL Finest

Größe: 180 x 35 cm

MATERIAL

- Woolly Hugs BOBBEL-COTTON (50 % Baumwolle, 50 % Polyacryl, Lauflänge ca. 800 m/200 g) von L&K (www.VeronikaHug.com): 1 BOBBEL in Wunschfarbe (Original in Farbe Nr. 20)
- 1 Tunesische Häkelnadel mit Seil Nr. 4–5 von addiClick by Woolly Hugs

Anschlag, Grundstich und Reversestich
Siehe Workshop Seite 58–61.

Maschenprobe
20 Maschen und 20 Reihen = 10 x 10 cm

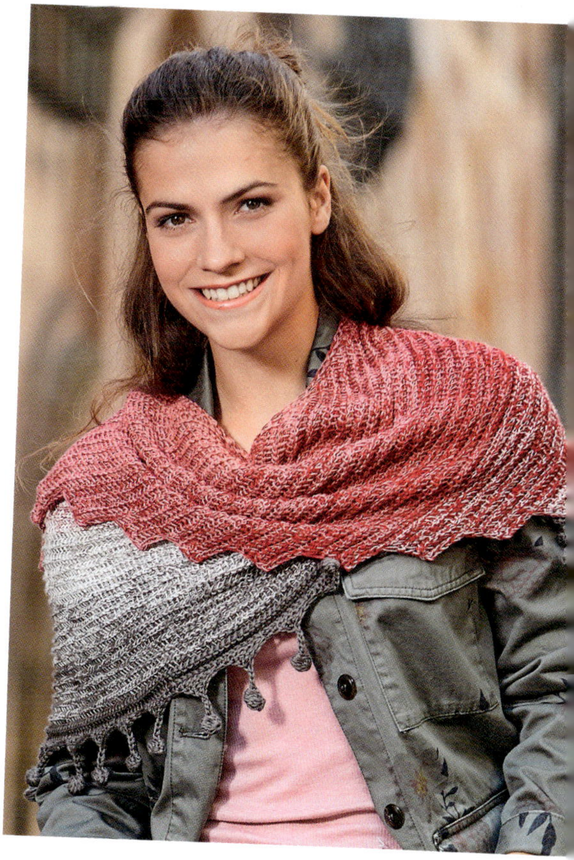

SO WIRD´S GEMACHT

An einer seitlichen Spitze beginnend 4 Luftmaschen anschlagen und aus der Rückseite der Luftmaschenkette aus der 3.–1. Luftmasche wie im Workshop beschrieben je 1 Masche auffassen = 4 Maschen insgesamt. Nun den Faden holen und durch die 1. Schlinge ziehen, dann stets den Faden holen und durch 2 Schlingen ziehen (= **Anschlagreihe**).

1. Hinreihe: Die Schlinge auf der Nadel bildet die 1. Masche. Aus der 2. senkrechten Masche 1 Masche im Grundstich arbeiten. Aus der folgenden quer liegenden Schlinge zwischen den Maschen 1 Masche auffassen (= 1 Zunahme), aus der 3. senkrechten Masche 1 Masche im Grundstich arbeiten. Aus der folgenden quer liegenden Schlinge zwischen den Maschen 1 Masche auffassen (= 1 Zunahme), aus der letzten Masche 1 Randmasche laut Workshop Seite 59 arbeiten = 6 Maschen.

Rückreihen (stets gleich arbeiten): Siehe Workshop „Grundstich“, Seite 58.

2.–6. Hin- und Rückreihe: Laut Häkelschrift arbeiten.

7. Hin- und Rückreihe: Zu Beginn wie in der Häkelschrift gezeichnet zunächst 1 Luftmasche und 6 Kettmaschen häkeln. Dann die Reihe laut Häkelschrift fortführen. Da die Rückreihen stets gleich gearbeitet werden, sind diese der Übersichtlichkeit halber ab der 7. Rückreihe nicht mit eingezeichnet.

Häkelschrift

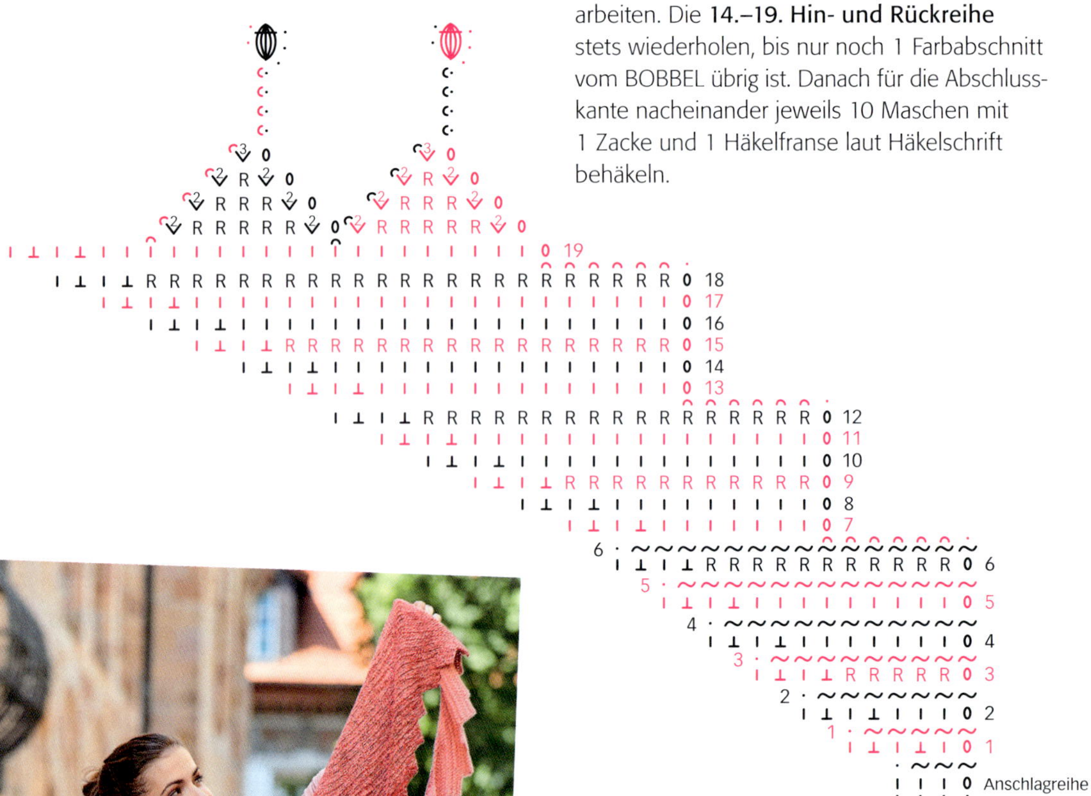

8.–19. Hin- und Rückreihe: Laut Häkelschrift arbeiten. Die **14.–19. Hin- und Rückreihe** stets wiederholen, bis nur noch 1 Farbabschnitt vom BOBBEL übrig ist. Danach für die Abschlusskante nacheinander jeweils 10 Maschen mit 1 Zacke und 1 Häkelfranse laut Häkelschrift behäkeln.

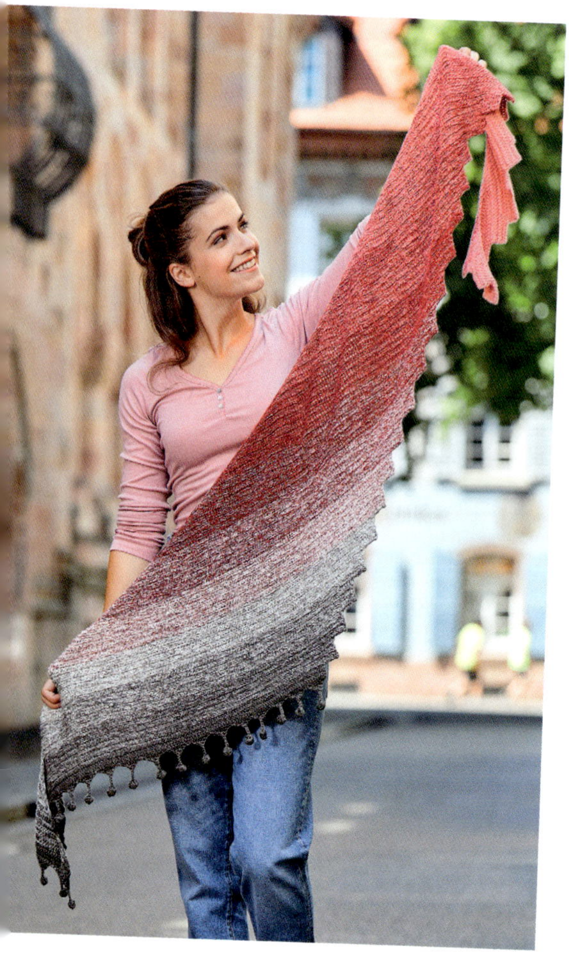

Zeichenerklärung

· = 1 Luftmasche

0 = 1 Anfangsschlinge

ı = 1 Masche im Grundstich

~ = 2 Schlingen zusammen abmaschen

R = 1 Masche im Reversestich

⊥ = 1 Masche aus dem quer liegenden Maschenglied zunehmen

⌢ = 1 Kettmasche

(Symbol 2) = in 2 Maschen zusammen wie beim Grundstich einstechen und den Faden durchholen (= 1 Abnahme)

(Symbol 3) = in 3 Maschen zusammen wie beim Grundstich einstechen und den Faden durchholen (= 2 Abnahmen)

(Symbol Noppe) = 1 Noppe (* 1 Umschlag auf die Nadel nehmen, einstechen und den Faden hochziehen, ab * 4 x wiederholen, dann nochmals den Faden holen und durch alle Schlingen ziehen)

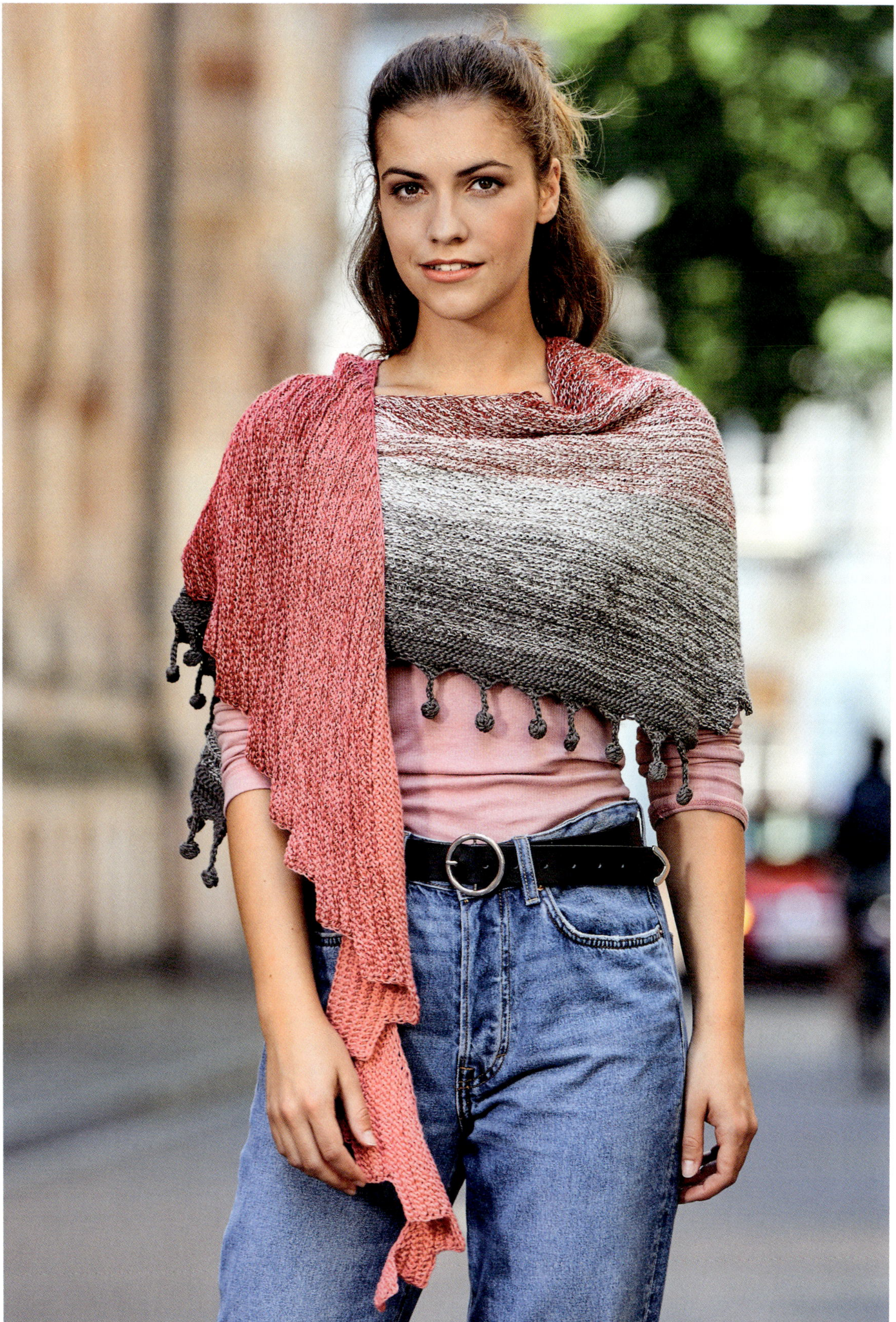

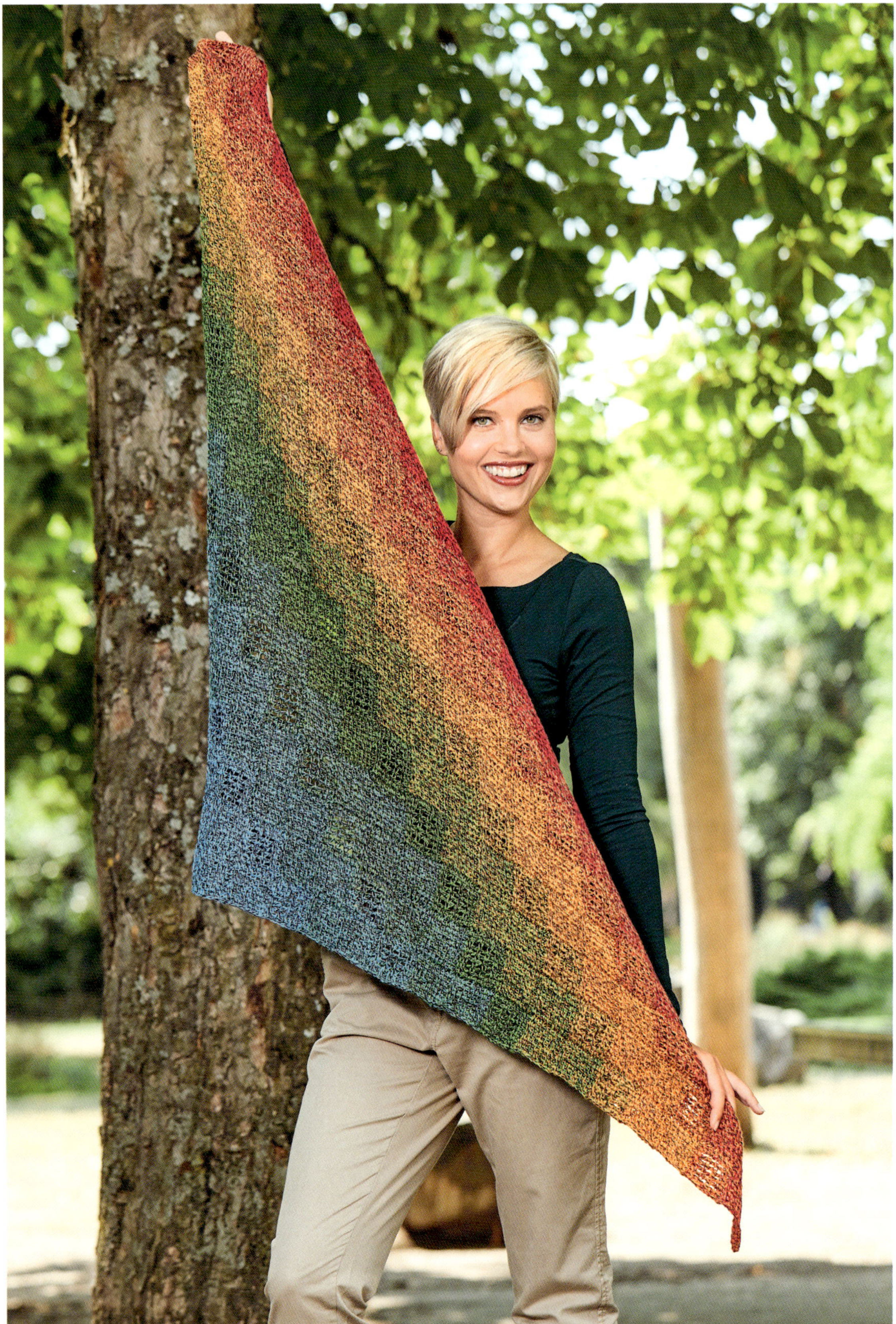

Video-Link:
goo.gl/QDk6F9

TUCH

Entrelac-Rainbow

Größe: ca. 170 x 82 cm

MATERIAL

- Woolly Hugs BOBBEL-COTTON XTRA (50 % Baumwolle, 50 % Polyacryl, Lauflänge ca. 800 m/200 g) von L&K (www.VeronikaHug.com): 1 BOBBEL in Wunschfarbe (Original in Farbe Nr. 305)
- 1 Tunesische Häkelnadel Nr. 4–5 von addiClick by Woolly Hugs

Anschlag, Grundstich und Abketten

Siehe Workshop Seite 58–59.

Maschenprobe

1 Quadrat aus 11 Maschen und 9 Reihen im Grundstich = 5 x 5 cm

SO WIRD´S GEMACHT

Im Entrelac-Muster wie folgt häkeln:
1. Quadrat: Laut Häkelschrift arbeiten. Dafür am linken unteren Quadrat am schwarzen Pfeil (Pfeil A) beginnend 11 Luftmaschen anschlagen und die **1. Hin- und Rückreihe (= Anschlagreihe)** wie im Workshop beschrieben arbeiten. **2.–9. Hin- und Rückreihe:** Laut Häkelschrift im Grundstich arbeiten und abhäkeln. Danach den Faden abschneiden und durchziehen.
2. Quadrat (= 1. Quadrat der 2. Quadrat-Reihe): Am grünen Pfeil (Pfeil B) beginnend an der 11. Luftmasche des Luftmaschenanschlages für das 1. Quadrat anschlingen und 10 Luftmaschen häkeln. **1. Hinreihe:** Die Schlinge auf der Nadel bildet die 1. Masche. Aus der 9.–1. Luftmasche jeweils 1 Schlinge aufnehmen und auf der Nadel liegen lassen (= 10 Schlingen). Die 11. Schlinge aus dem seitlichen Rand der 1. Reihe des 1. Quadrates auffassen; **1. Rückreihe:** Stets den Faden holen und durch 2 auf der Nadel liegende Schlingen ziehen, bis nur noch 1 Schlinge auf der Nadel liegt. **2.–9. Hin- und Rückreihe:** Im Grundstich und Ajourmuster laut Häkelschrift arbeiten, dabei die 11. Schlinge jeder Hinreihe aus der folgenden Reihe des angrenzenden Quadrates auffassen. Danach das Quadrat wie beschrieben mit Kettmaschen beenden, jedoch für die letzte Kettmasche unter der 1. Kettmasche des 1. Quadrates einstechen, Faden holen und durch beide Schlingen ziehen.
3. Quadrat (= 2. Quadrat der 2. Quadrat-Reihe): 1. Hinreihe: Die Schlinge auf der Nadel bildet die 1. Masche. Unter der 2.–10. Kettmasche des 1. Quadrates jeweils einstechen, den Faden durchholen und die Schlinge auf der Nadel liegen lassen = 10 Schlingen. Für die 11. Schlinge in die darunterliegende Randmasche wie gewohnt einstechen und den Faden durchholen. Nun das Quadrat wie das 2. Quadrat beenden.
4.–6. Quadrat (= 1.–3. Quadrat der 3. Quadrat-Reihe): Für das 4. Quadrat an der 10. Luftmasche des 2. Quadrates (Pfeil C) anschlingen und die 3 Quadrate wie beim 1. Quadrat (= Grundstich ohne Umschläge) arbeiten.
7.–10. Quadrat (= 1.–4. Quadrat der 4. Quadrat-Reihe): Für das 7. Quadrat an der 10. Luftmasche des 4. Quadrates (Pfeil D) anschlingen und die 4 Quadrate wie beim 2. und 3. Quadrat (mit Ajourmuster) arbeiten.

Hinweis: Die Häkelschrift zeigt nur die 1.–4. Quadrat-Reihe. Im Anschluss werden in der Häkelschrift Dreiecke gezeigt. Diese Dreiecke ganz am Ende zur Begradigung des Tuches im Grundstich häkeln.

Zeichenerklärung

- · = 1 Luftmasche
- ⌒ = 1 Kettmasche
- 0 = 1 Anfangsschlinge
- I = 1 Masche im Grundstich
- U = 1 Umschlag (den Faden von hinten nach vorn um die Nadel legen und 1 Einstichstelle übergehen)
- ꟿ = in der Rückreihe 3 Schlingen zusammen abmaschen
- ꟿ = in der Rückreihe 4 Schlingen zusammen abmaschen
- ← = am danebenliegenden Quadrat anschlingen

Häkelschrift

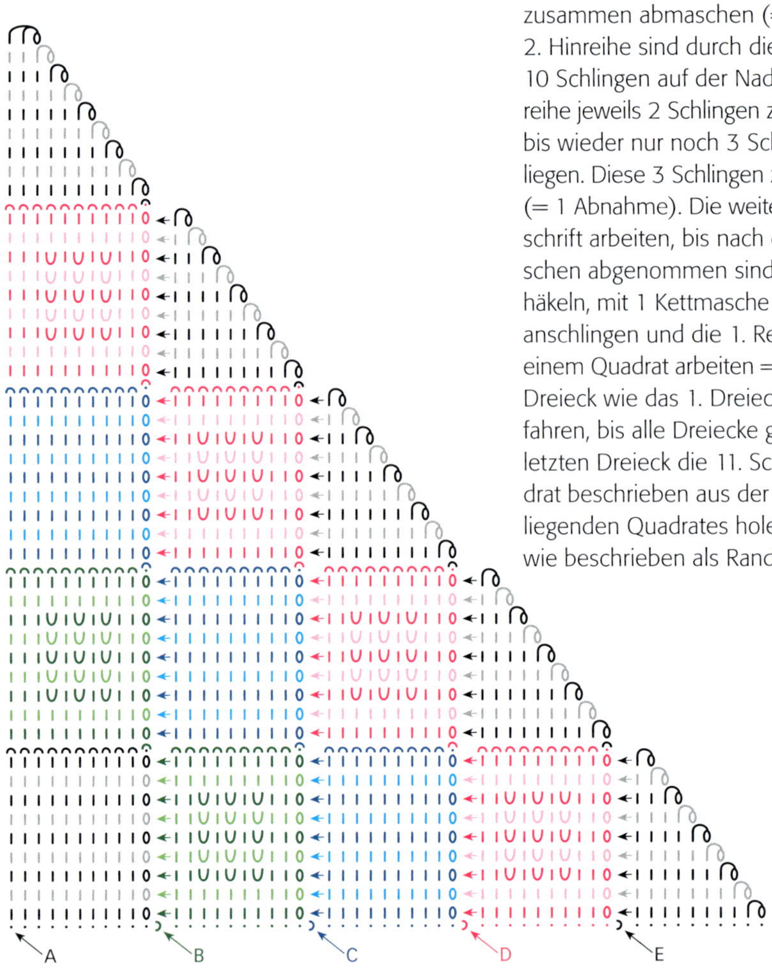

Nun abwechselnd 1 Quadrat-Reihe im Grundstich ohne Ajourmuster (siehe 1. Quadrat) und im Grundstich mit Ajourmuster (= siehe 2. und 3. Quadrat) häkeln. Durch die Erweiterung des Dreieckstuches wird in jeder Quadrat-Reihe 1 Quadrat mehr gearbeitet.

Laut Häkelschrift fortfahren, bis die gewünschte Größe erreicht ist. Das Original besteht aus 190 Quadraten. Danach für die Begradigung 20 Dreiecke laut Häkelschrift arbeiten. Für das 1. Dreieck an der 10. Luftmasche des 172. Quadrates (Pfeil E) anschlingen und 10 Luftmaschen häkeln. Dann die 1. Hinreihe wie bei einem Quadrat arbeiten = 11 Schlingen. Anschließend die 1. Rückreihe wie in der Häkelschrift beim Dreieck gezeichnet arbeiten. Dafür jeweils 2 Schlingen zusammen abmaschen, bis nur noch 3 Schlingen auf der Nadel liegen. Diese 3 Schlingen zusammen abmaschen (= 1 Abnahme). In der 2. Hinreihe sind durch die Abnahmen nur noch 10 Schlingen auf der Nadel. Nun in jeder Rückreihe jeweils 2 Schlingen zusammen abmaschen, bis wieder nur noch 3 Schlingen auf der Nadel liegen. Diese 3 Schlingen zusammen abmaschen (= 1 Abnahme). Die weiteren Reihen laut Häkelschrift arbeiten, bis nach der 9. Reihe alle Maschen abgenommen sind. Dann 1 Luftmasche häkeln, mit 1 Kettmasche am folgenden Quadrat anschlingen und die 1. Reihe wieder wie bei einem Quadrat arbeiten = 11 Schlingen. Nun das Dreieck wie das 1. Dreieck beenden. So fortfahren, bis alle Dreiecke gehäkelt sind. Beim letzten Dreieck die 11. Schlinge wie beim Quadrat beschrieben aus der Kante des darunterliegenden Quadrates holen und diese Masche wie beschrieben als Randmasche arbeiten.

Video-Link:
goo.gl/QDk6F9

TUCH
Stone-Style

Größe: ca. 190 x 95 cm

MATERIAL

- Woolly Hugs BOBBEL-COTTON (50 % Baumwolle, 50 % Polyacryl, Lauflänge ca. 800 m/200 g) von L&K (www.VeronikaHug.com): 2 BOBBEL in Wunschfarbe (Original in Farbe Nr. 27 und Nr. 28)
- 1 Tunesische Häkelnadel mit Seil Nr. 4–5 von addiClick by Woolly Hugs

Anschlag, Grundstich und Abketten
Siehe Workshop Seite 58–59.

Streifenfolge
1 Hin- und Rückreihe mit dem 1. BOBBEL in Farbe A, 2 Hin- und Rückreihen mit dem 2. BOBBEL in Farbe B im Wechsel

Maschenprobe
20 Maschen und 20 Reihen = 10 x 10 cm

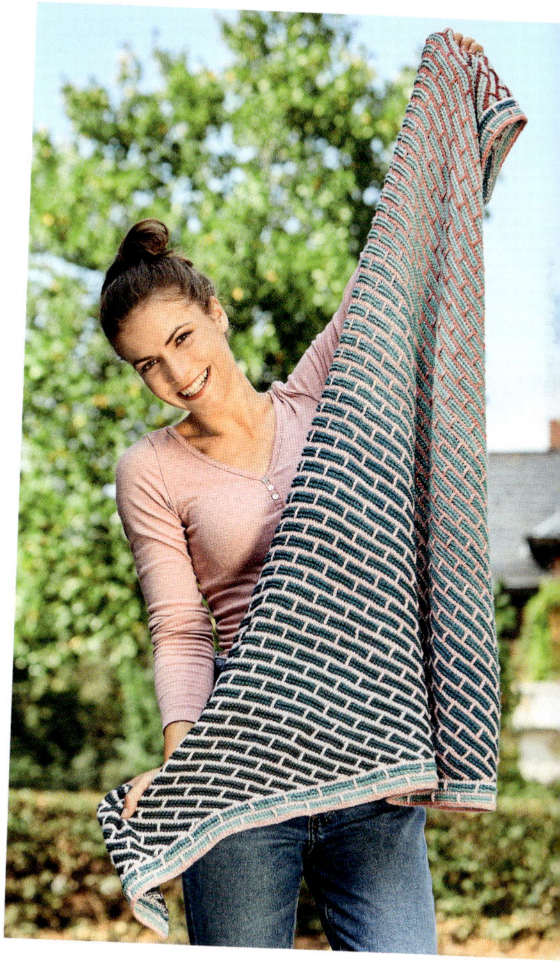

SO WIRD´S GEMACHT

Mit dem BOBBEL in Farbe A von außen beginnend 3 Luftmaschen anschlagen und aus der Rückseite der Luftmaschenkette aus der 2. und 1. Luftmasche wie im Workshop beschrieben je 1 Masche auffassen = 3 Maschen insgesamt. Danach für die Rückreihe 1 Luftmasche häkeln, * den Faden holen und durch 2 Schlingen ziehen, nun auf den BOBBEL in Farbe B von außen wechseln und ab * 1 x wiederholen, dann für die Erweiterung des Tuches 2 Luftmaschen häkeln, dabei vor der 2. Luftmasche den Faden des 1. BOBBELs mit umhäkeln, damit sich an der Schräge keine Spannfäden bilden (= **Anschlagreihe**).

Nun die **1. Hinreihe** wie folgt beginnen: Die Schlinge auf der Nadel bildet die 1. Masche. Aus der 1. Luftmasche 1 Masche wie beim Anschlag, aus den folgenden 2 Maschen je 1 Masche im Grundstich arbeiten, in die letzte Masche 1 Randmasche häkeln. Nun für die **1. Rückreihe** 1 Luftmasche häkeln, dann stets den Faden holen und 2 Schlingen abmaschen, bis alle Maschen abgemascht sind. (Vor dem Abhäkeln der letzten Masche wieder auf den 1. BOBBEL wechseln.) Am Ende der Rückreihe (= rechter Rand der Häkelschrift) 1 Luftmasche für die Erweiterung des Tuches arbeiten, dabei den Faden des 2. BOBBELs wieder mit umhäkeln. **2. Hinreihe:** Die Schlinge auf der Nadel bildet die 1. Masche. Aus den folgenden 4 Maschen je 1 Masche im Grundstich arbeiten, in die letzte Masche 1 Randmasche häkeln; **2. Rückreihe:** Wie die 1. Rückreihe arbeiten, jedoch für die Erweiterung des Tuches 2 Luftmaschen arbeiten. **3.–15. Hin- und Rückreihe:** Laut Häkelschrift arbeiten. Anschließend die **10.–15. Hin- und Rückreihe** stets wiederholen und die Zunahmen am rechten Rand sinngemäß fortführen. Nach 95 cm ab Anschlag (= senkrechte Mitte des Tuches) nach einer 15. Reihe bis zur 21. Reihe laut Häkelschrift weiterarbeiten. Dann die 15.–21. Reihe stets wiederholen und die Abnahmen am rechten Rand sinngemäß so lange fortführen, bis nur noch 3 Maschen in Arbeit sind. Dann die Maschen abhäkeln und enden.

Fertigstellung: Für die Randblende mit dem 1. BOBBEL aus den Schrägungen im Zusammenhang Maschen auffassen, und zwar ca. 20 Maschen über eine Strecke von 10 cm. Über diese Maschen laut Häkelschrift arbeiten, dabei zu Beginn den Mustersatz bis zur Spitze des Tuches stets wiederholen. Die Mittelmasche markieren und anschließend das Muster gegengleich fortführen. Insgesamt 7 Reihen laut Häkelschrift arbeiten, dabei zur Formgebung in jeder Reihe vor und nach der markierten Masche jeweils 1 Masche zunehmen. Die zugenommenen Maschen in das Muster einfügen. Nach 7 Reihen Blendenhöhe alle Maschen abketten.

Häkelschrift

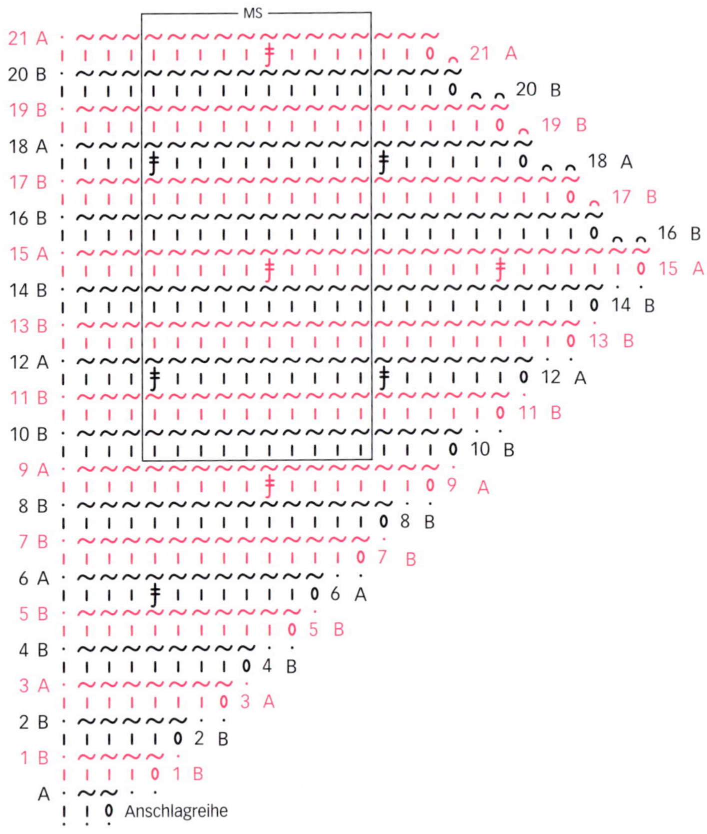

Zeichenerklärung

· = 1 Luftmasche

⌒ = 1 Kettmasche

0 = 1 Anfangsschlinge

I = 1 Masche im Grundstich

~ = in einer Rückreihe 2 Schlingen abmaschen

ǂ = 1 tiefer gestochene Stäbchen-Masche (= Umschlag um die Nadel legen, in die darunterliegende senkrechte Grundstich-Masche einstechen, den Faden holen und durchziehen, dann den Faden holen und durch 2 Schlingen ziehen, nochmals den Faden holen und durch 2 Schlingen ziehen)

MS = Mustersatz

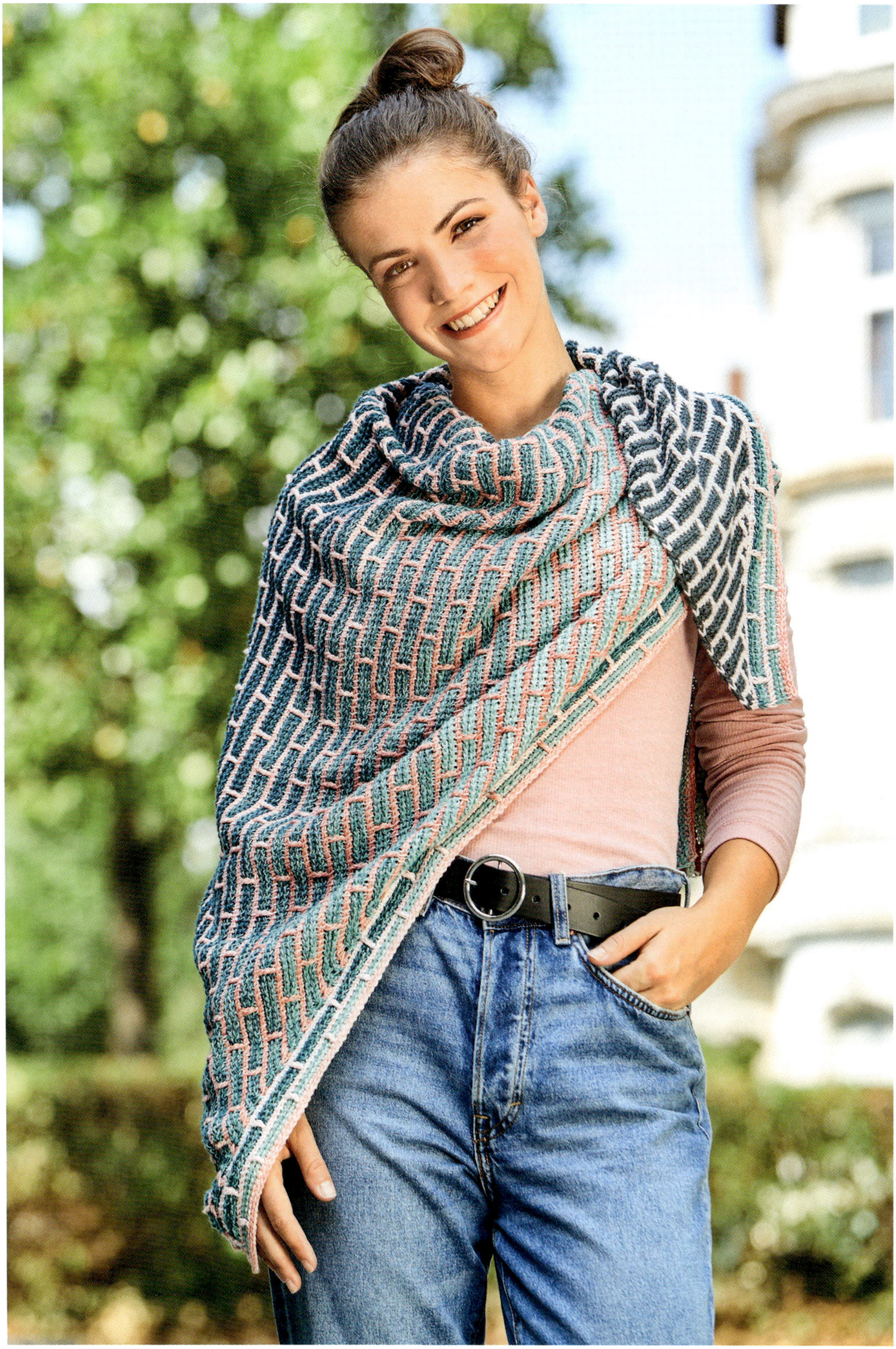

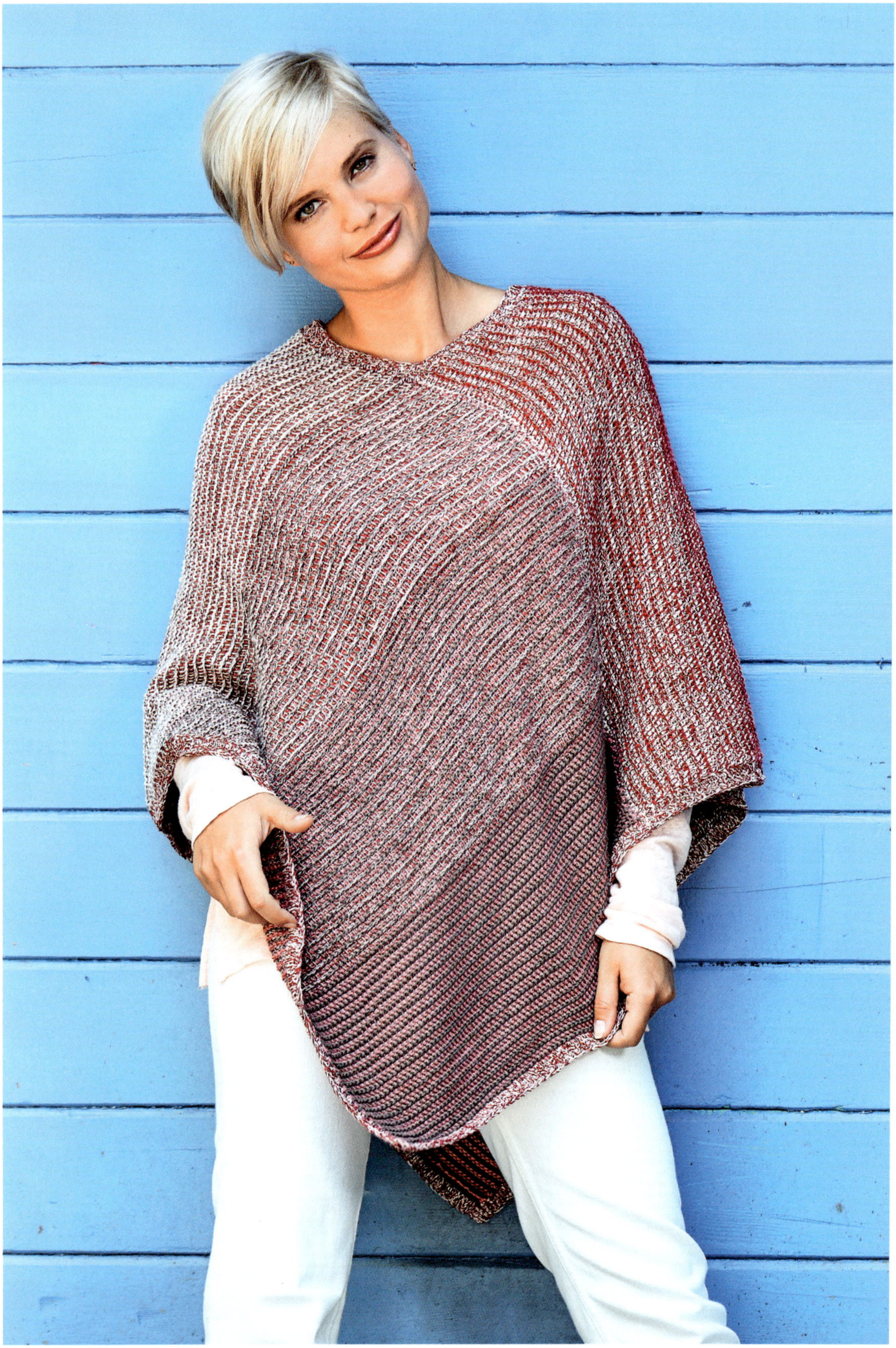

Video-Link:
goo.gl/QDk6F9

PONCHO

Great Harmony

Einheitsgröße: 38–48

MATERIAL

- Woolly Hugs BOBBEL-COTTON (50 % Baumwolle, 50 % Polyacryl, Lauflänge ca. 800 m/200 g) von L&K (www.VeronikaHug.com): 2 BOBBEL in Wunschfarbe (Original in Farbe Nr. 20)
- 1 Tunesische Häkelnadel mit Seil Nr. 4–5 von addiClick by Woolly Hugs

Anschlag, Grundstich, Reversestich und Abketten
Siehe Workshop Seite 58–61.

Streifenmuster
1 Reihe Reversestich, 1 Reihe Grundstich im Wechsel

Maschenprobe im Streifenmuster
20 Maschen und 20 Reihen = 10 x 10 cm

SO WIRD´S GEMACHT

1. Rechteck: Mit dem 1. BOBBEL von außen 104 Luftmaschen locker anschlagen und aus der Rückseite der Luftmaschenkette aus der 103.–1. Luftmasche wie im Workshop beschrieben je 1 Masche auffassen = 104 Maschen insgesamt. In der folgenden Rückreihe mit dem 2. BOBBEL von innen die Maschen wie im Workshop beschrieben abhäkeln (= **Anschlagreihe**). Danach im Streifenmuster weiterarbeiten, dabei am linken Rand stets den BOBBEL-Wechsel durchführen. Nach 78 cm ab Anschlag alle Maschen abketten.
2. Rechteck: Genauso arbeiten.

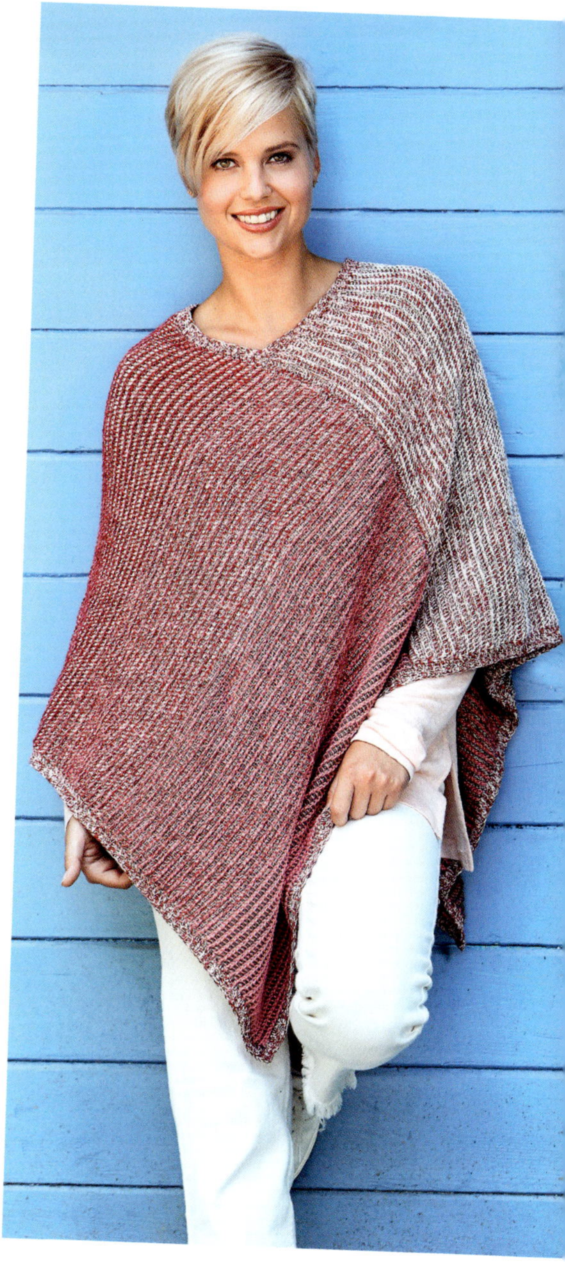

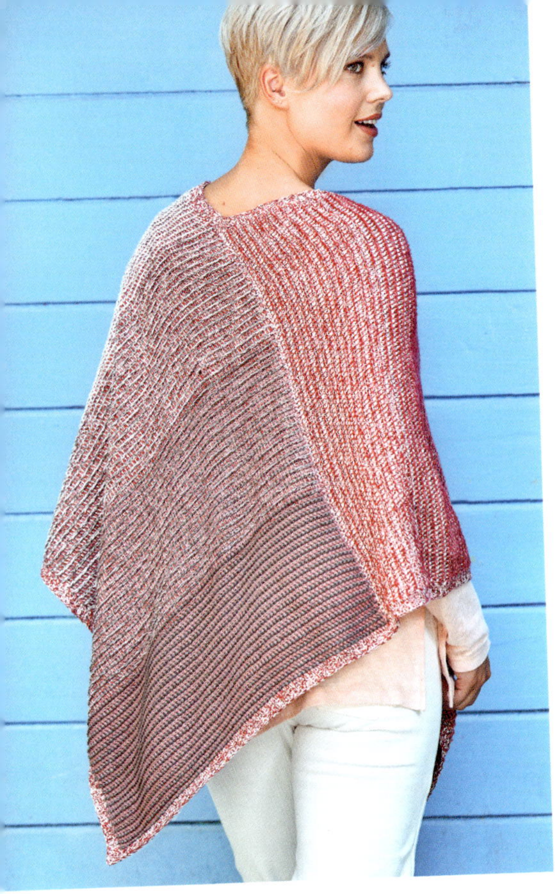

Fertigstellung: Die Teile laut Zeichen im Schnitt zusammennähen. Für die Blende an der unteren Spitze anschlingen und 4 Luftmaschen arbeiten. **1. Hinreihe:** Aus der 3.–1. Luftmasche je 1 Schlinge auffassen und als Masche auf der Nadel liegen lassen = 4 Schlingen. Die 5. Schlinge aus dem seitlichen Rand der 1. Reihe auffassen; **1. Rückreihe:** Stets den Faden holen und durch 2 auf der Nadel liegende Schlingen ziehen, bis nur noch 1 Schlinge auf der Nadel verbleibt. **2. Hinreihe:** Vor jeder Masche den Faden vor die Arbeit legen, in die senkrechte Masche einstechen, den Faden holen, durchziehen und als Masche auf der Nadel liegen lassen (= 1 linke Masche). Die 5. Schlinge wieder aus dem seitlichen Rand der 2. Reihe auffassen; **2. Rückreihe:** Wie die 1. Rückreihe. **3. Hinreihe:** Im Grundstich arbeiten; **3. Rückreihe:** Wie die 1. Rückreihe. Die 2. und 3. Hin- und Rückreihe stets wiederholen. Jede Reihe wird mit 1 Hin- und Rückreihe behäkelt, bis man an der gegenüberliegenden Ecke angelangt ist. Nun weitere 4 Reihen arbeiten, dabei nicht am Poncho anschlingen, sondern die 5. Schlinge als Randmasche arbeiten. Dabei in den Rückreihen die 1. Masche als Luftmasche abhäkeln. Nach 4 Reihen die Maschen mit Kettmaschen abhäkeln. Nach der letzten Masche bildet die Schlinge auf der Nadel die 1. Masche. Nun aus dem seitlichen Rand der 3., 2. und 1. Reihe je 1 Schlinge auffassen. Die 5. Schlinge nun wieder aus dem angrenzenden Quadrat aufschlingen. Nun weiter die 2. und 3. Hin- und Rückreihe stets wiederholen, bis wieder die Anfangsecke erreicht ist. Hier die Blende auch über die 4 Luftmaschen des Anschlags fortführen. Danach die Maschen abhäkeln und enden. Die Blende am Halsausschnitt genauso arbeiten, dabei die ersten 4 Maschen direkt aus der Seitenkante der Halsausschnittspitze auffassen und bis zur gegenüberliegenden Spitze arbeiten. Dann die Maschen abhäkeln und die Schmalseite in die Halsausschnittspitze nähen. Die 2. Seite der Blende genauso arbeiten.

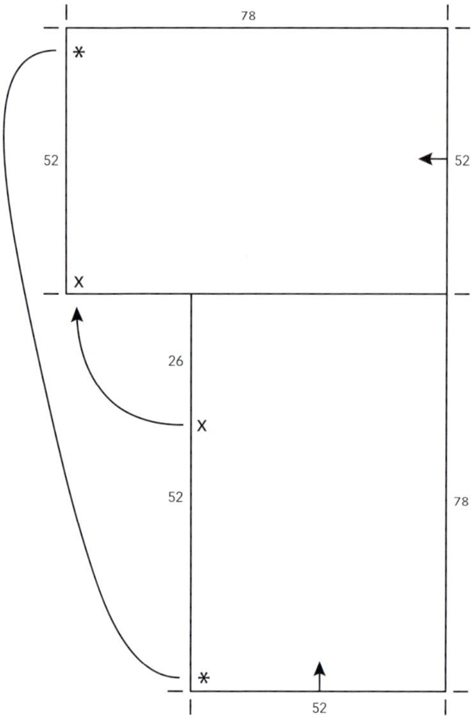

Video-Link:
goo.gl/QDk6F9

TUCH

Have a Big Hug

Größe: ca. 230 x 105 cm

MATERIAL

- Woolly Hugs BOBBEL-MOHAIR (15 % Mohair, 85 % Polyamid, Lauflänge ca. 420 m/150 g) von L&K (www.VeronikaHug.com): 2 BOBBEL in Wunschfarbe (Original in Farbe Nr. 201 und Nr. 202)
- 1 Tunesische Häkelnadel mit Seil Nr. 7–8 von addiClick by Woolly Hugs

Anschlag, Grundstich und Abketten
Siehe Workshop Seite 58–59.

Maschenprobe
11 Maschen und 8 Reihen = 10 x 10 cm

SO WIRD´S GEMACHT

An der unteren Spitze des Dreieckstuches beginnend mit dem 1. BOBBEL von außen 3 Luftmaschen locker anschlagen und aus der Rückseite der Luftmaschenkette aus der 2. und 1. Luftmasche wie im Workshop beschrieben je 1 Masche auffassen = 3 Maschen insgesamt. Danach für die Rückreihe 1 Luftmasche häkeln, * den Faden holen und durch 2 Schlingen ziehen, nun auf den 2. BOBBEL wechseln und ab * 1 x wiederholen, dann für die Schrägung des Tuches 2 Luftmaschen als Erweiterung häkeln, dabei vor der 2. Luftmasche den Faden des 1. BOBBELs mit umhäkeln, damit sich an der Schräge keine Spannfäden bilden (= **Anschlagreihe**). Diese Schrägung bildet später beim Tragen die obere gerade Kante. Nun die **1. Hinreihe** wie folgt beginnen: Die Schlinge auf der Nadel bildet die 1. Masche. Auf diese 1. Masche 1 zusätzliche Luftmasche

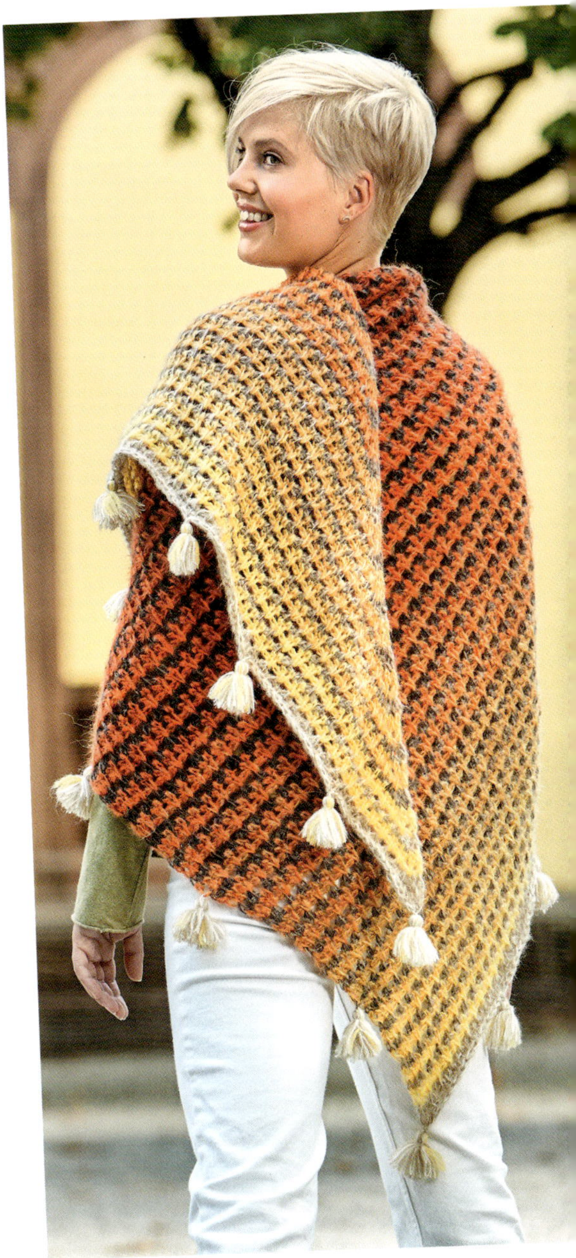

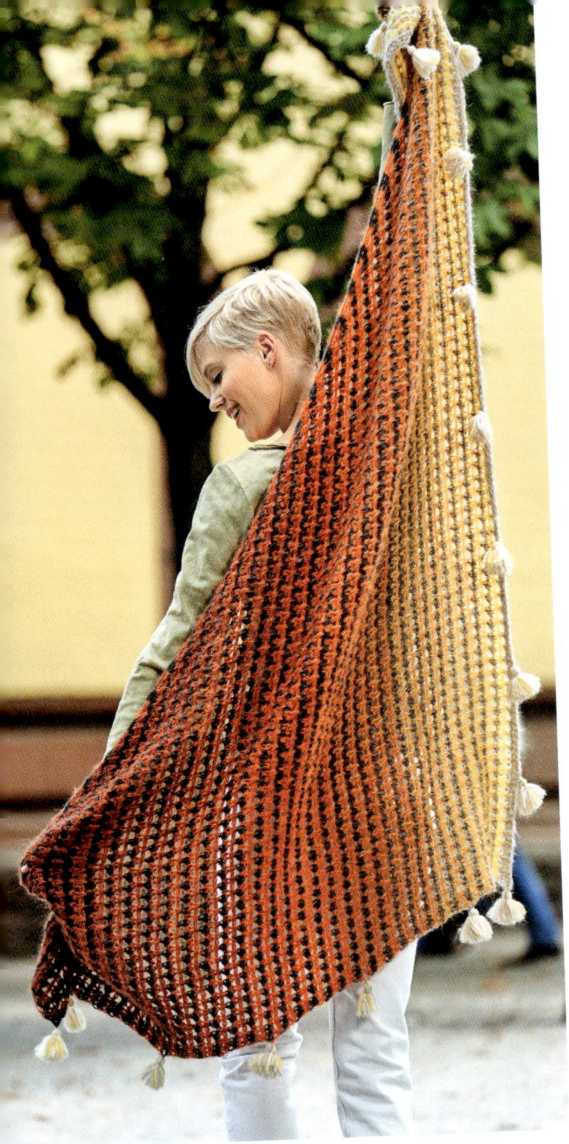

häkeln. Aus der 1. Luftmasche wie beim Anschlag 1 Masche holen und zusätzlich 1 Luftmasche häkeln, aus den folgenden 2 Maschen je 1 Masche im Grundstich arbeiten, dabei zusätzlich je 1 Luftmasche häkeln, in die letzte Masche 1 Randmasche arbeiten und zusätzlich 1 Luftmasche häkeln. Nun für die **1. Rückreihe** nochmals 1 Luftmasche häkeln, dann stets den Faden holen und 2 Schlingen abmaschen, bis alle Maschen abgemascht sind. (Vor dem Abhäkeln der letzten Masche wieder auf den 1. BOBBEL wechseln.) Am Ende der Rückreihe (= rechter Rand der Häkelschrift) 2 Luftmaschen für die Erweiterung des Tuches arbeiten, dabei den Faden des 2. BOBBELs wieder mit umhäkeln. **2. Hinreihe:** Die Schlinge auf der Nadel bildet die 1. Masche. Aus der 1. Luftmasche wie beim Anschlag 1 Masche holen, aus der folgenden Masche 1 Masche im Grundstich arbeiten, in die folgenden 2 Maschen zusammen wie zum Grundstich einstechen und den Faden durchholen, 1 Umschlag um die Nadel legen, aus der folgenden Masche 1 Masche im Grundstich arbeiten, in die letzte Masche 1 Randmasche häkeln; **2. Rückreihe:** Wie die 1. Rückreihe arbeiten. **3.–7. Hin- und Rückreihe:** Laut Häkelschrift arbeiten. Anschließend die 6. und 7. Reihe stets wiederholen, bis die BOBBEL fast zu Ende sind oder die Wunschgröße erreicht ist.

Fertigstellung: Aus dem Restgarn kleine Quasten wickeln und laut Abbildung an die rechte und linke Schrägung des Tuches nähen.

Häkelschrift

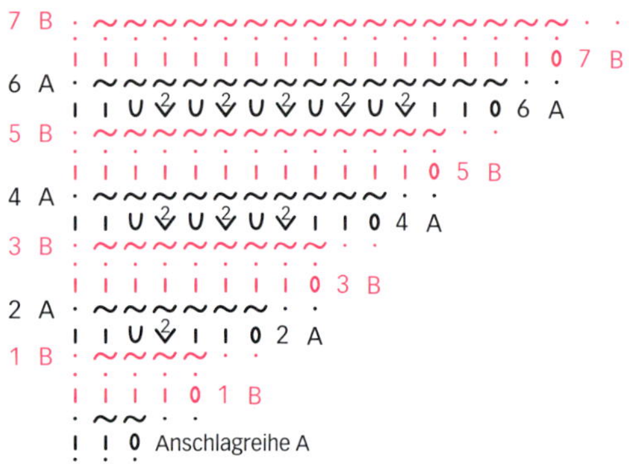

Zeichenerklärung

· = 1 Luftmasche

0 = 1 Anfangsschlinge

I = 1 Masche im Grundstich

~ = in einer Rückreihe 2 Schlingen abmaschen

⩔ = in einer Hinreihe in 2 Maschen zusammen einstechen

U = in einer Hinreihe 1 Umschlag (den Faden von hinten nach vorn um die Nadel legen)

A = 1. BOBBEL

B = 2. BOBBEL

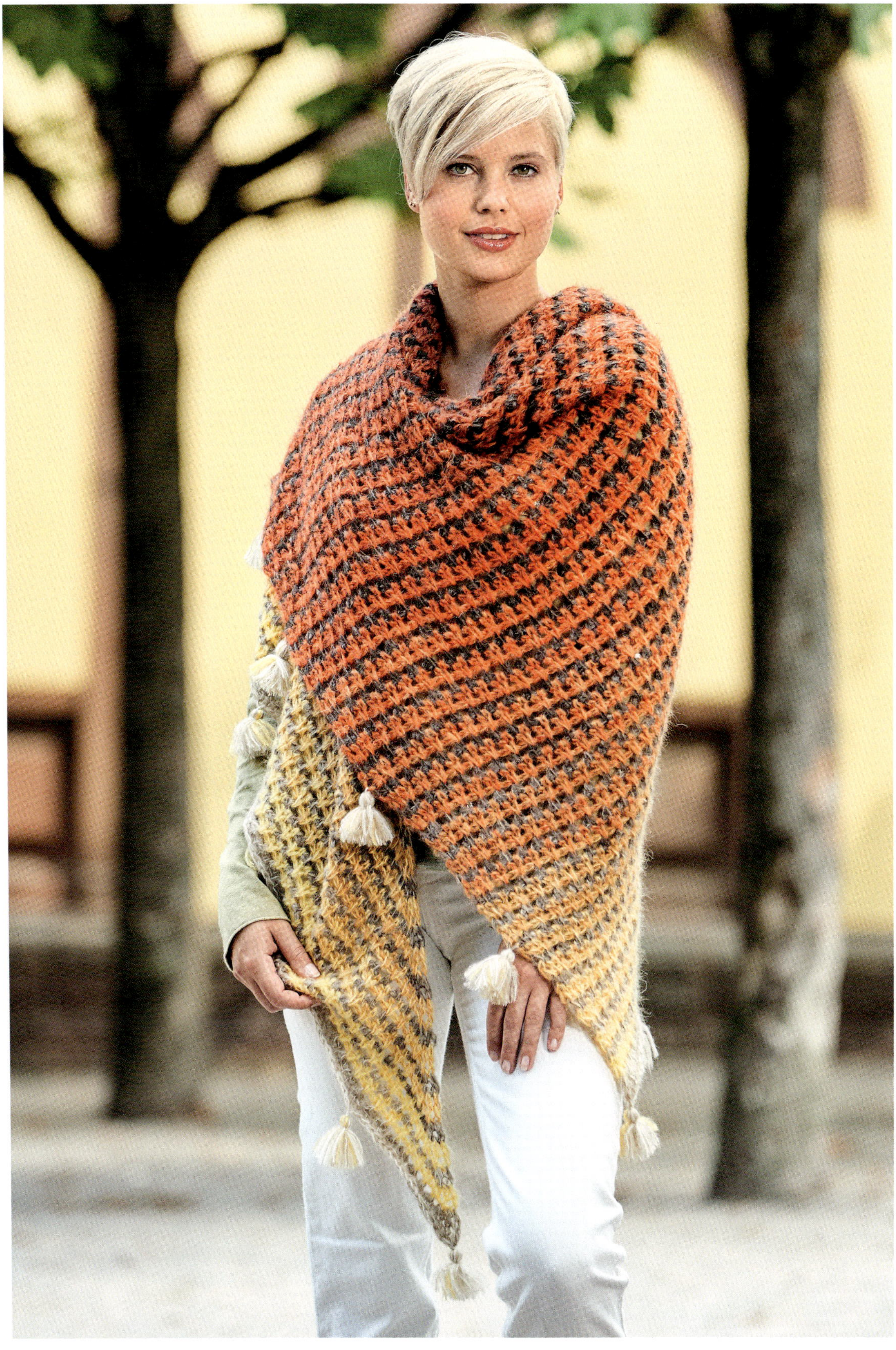

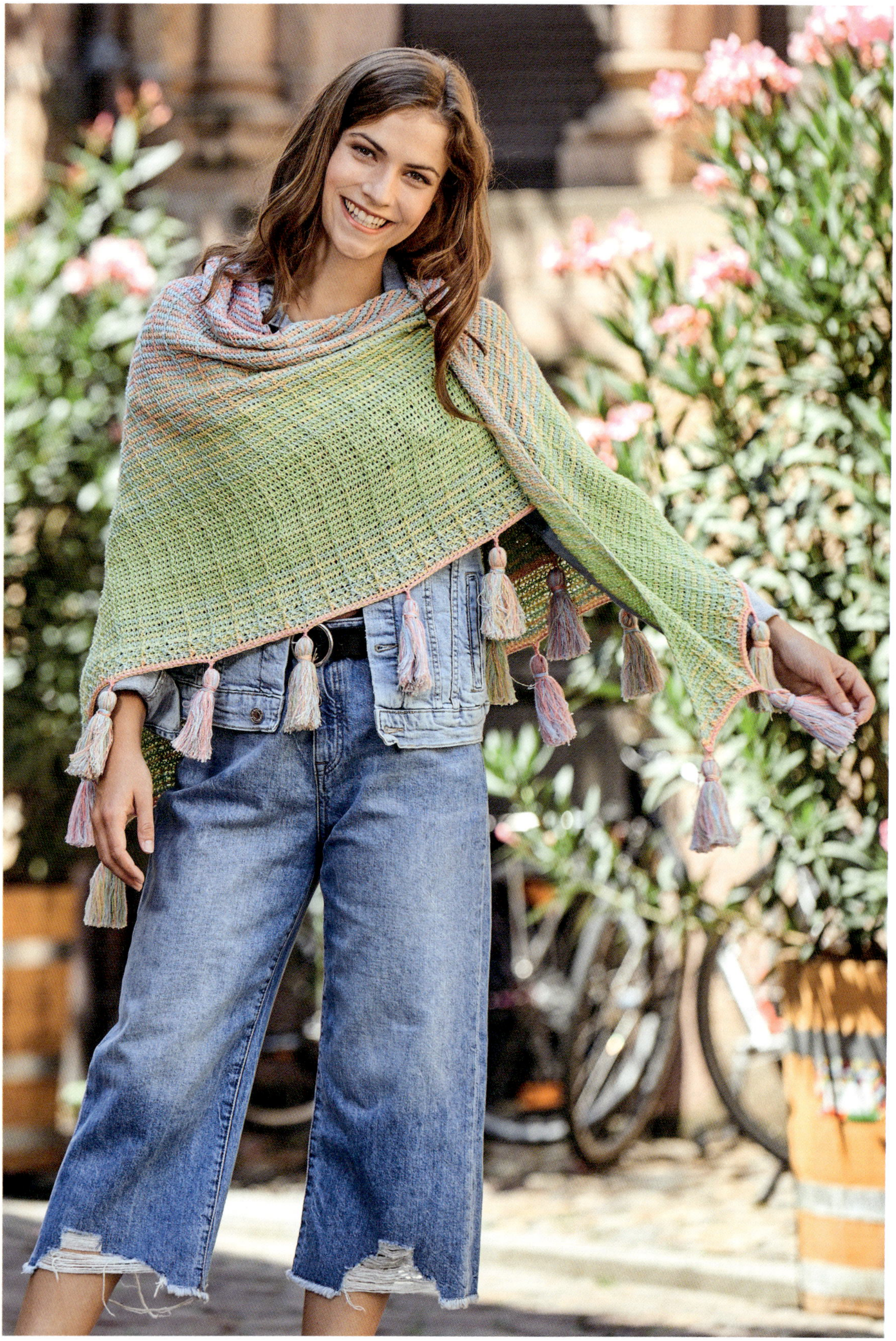

Video-Link:
goo.gl/QDk6F9

TUCH Tuniska

Größe: ca. 180 x 90 cm

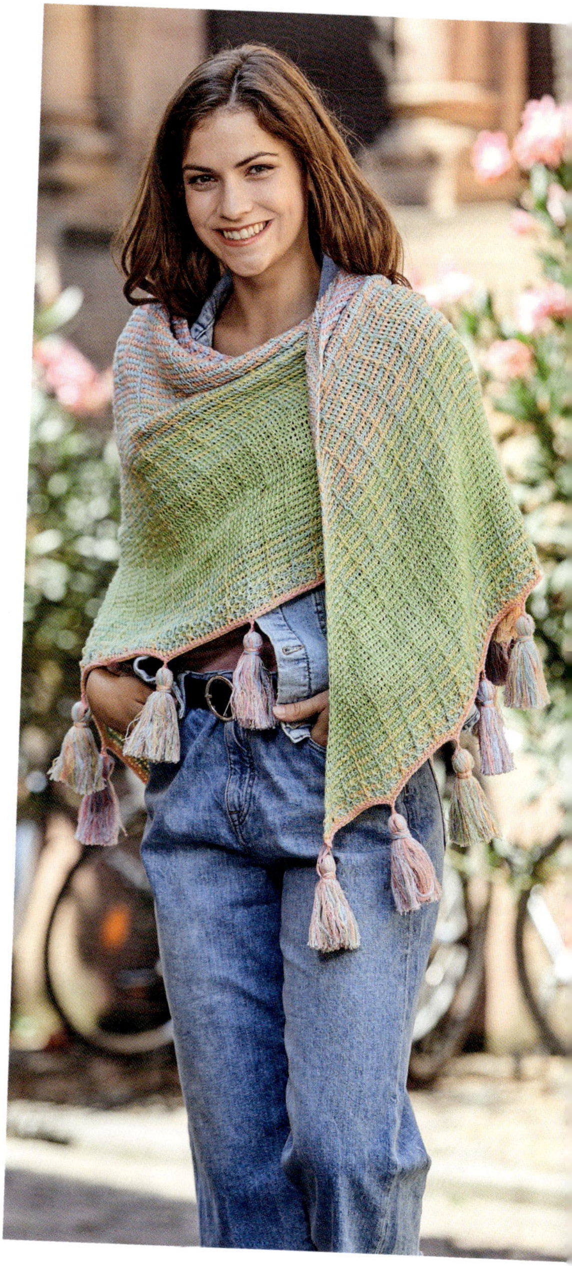

MATERIAL

- Woolly Hugs BOBBEL-COTTON (50 % Baumwolle, 50 % Polyacryl, Lauflänge ca. 800 m/200 g) von L&K (www.VeronikaHug.com): 2 BOBBEL in Wunschfarbe (Original in Farbe Nr. 20)
- 1 Tunesische Häkelnadel mit Seil Nr. 4–5 von addiClick by Woolly Hugs

Hinweis: Die BOBBEL können wunschgemäß von innen oder von außen verwendet werden. Von einem BOBBEL vor Beginn 6–8 g abwickeln, damit sich die Farbwechsel der BOBBEL überschneiden. Dieses abgewickelte Garn kann später für die Quasten verwendet werden.

Anschlag, Grundstich, Reversestich und Abketten

Siehe Workshop Seite 58–61.

Kleines Perlmuster

1 Masche im Grundstich, 1 Masche im Reversestich im Wechsel, jedoch nach jeder Reihe versetzt häkeln.

Maschenprobe im Grundstich

18 Maschen und 16 Reihen = 10 x 10 cm

SO WIRD´S GEMACHT

Mit dem 1. BOBBEL von innen 5 Luftmaschen anschlagen und aus der Rückseite der Luftmaschenkette aus der 4.–1. Luftmasche wie im Workshop beschrieben je 1 Masche auffassen = 5 Maschen insgesamt.

Nun für die Rückreihe den Faden holen und durch die 1. Schlinge ziehen, dann stets den Faden holen und durch 2 Schlingen ziehen, bis nur noch 2 Schlingen auf der Nadel liegen. Diese letzten beiden Schlingen bereits mit dem 2. BOBBEL (von außen beginnend) abschlingen (= **Anschlagreihe**).

Hinweis: Die Reihen 1–5 der Häkelschrift sind nachfolgend in Worten erklärt. Ein Vergleichen der Beschreibung mit den Zeichen in der Häkelschrift vereinfacht das Lesen der Häkelschrift mit Beginn der 6. Reihe.

1. Hinreihe: Die Schlinge auf der Nadel bildet die 1. Masche. 1 Masche im Grundstich, 1 Umschlag, 1 Masche im Grundstich, 1 Umschlag, 1 Masche im Grundstich und die Randmasche arbeiten = 7 Maschen.

Rückreihe (stets gleich arbeiten): Den Faden holen und durch 1 Schlinge ziehen, dann stets den Faden holen und durch 2 Schlingen ziehen, bis nur noch 2 Schlingen auf der Nadel liegen. Dann den bisherigen Arbeitsfaden nach rechts legen, den folgenden Arbeitsfaden hochholen und die letzten 2 Maschen abmaschen.

2. Hinreihe: Die Schlinge auf der Nadel bildet die 1. Masche. 1 Masche im Grundstich arbeiten, 1 Umschlag, den Umschlag der Vorreihe im Grundstich, die folgende Mittelmasche markieren, dann vor dieser Mittelmasche 1 Umschlag auf die Nadel legen, die Mittelmasche im Grundstich arbeiten, danach 1 Umschlag arbeiten, den Umschlag der Vorreihe im Grundstich arbeiten, 1 Umschlag, die vorletzte Masche im Grundstich, enden mit 1 Randmasche = 11 Maschen.

3. Hinreihe: Die Schlinge auf der Nadel bildet die 1. Masche. 1 Masche im Grundstich arbeiten, 1 Umschlag, den Umschlag der Vorreihe im Grundstich, 1 Masche im Grundstich, den Umschlag der Vorreihe im Grundstich, 1 Umschlag, die Mittelmasche im Grundstich, 1 Umschlag, den Umschlag der Vorreihe im Grundstich, 1 Masche im Grundstich, den Umschlag der Vorreihe im Grundstich, 1 Umschlag, die vorletzte Masche im Grundstich, enden mit 1 Randmasche = 15 Maschen.

4. Hinreihe: Die Schlinge auf der Nadel bildet die 1. Masche. 1 Masche im Grundstich arbeiten, 1 Umschlag, den Umschlag der Vorreihe im Grundstich, 1 Masche im Reversestich, 1 Masche im Grundstich, 1 Masche im Reversestich, den Umschlag der Vorreihe im Grundstich, 1 Umschlag, die Mittelmasche im Grundstich, 1 Umschlag, den Umschlag der Vorreihe im Grundstich, 1 Masche im Reversestich, 1 Masche im Grundstich, 1 Masche im Reversestich, den Umschlag der Vorreihe im Grundstich, 1 Umschlag, den Umschlag der Vorreihe im Grundstich, enden mit der Randmasche = 19 Maschen.

5. Hinreihe: 1 Masche im Grundstich arbeiten, 1 Umschlag, den Umschlag der Vorreihe im Grundstich, 1 Masche im Reversestich, 1 Masche im Grundstich, 1 Masche im Reversestich, 1 Masche im Grundstich, 1 Masche im Reversestich, den Umschlag der Vorreihe im Grundstich, 1 Umschlag, die Mittelmasche im Grundstich, 1 Umschlag, den Umschlag der Vorreihe im Grundstich, 1 Masche im Reversestich, 1 Masche im Grundstich, 1 Masche im Reversestich, 1 Masche im Grundstich, 1 Masche im Reversestich, den Umschlag der Vorreihe im Grundstich, 1 Umschlag, den Umschlag der Vorreihe im Grundstich, enden mit der Randmasche = 23 Maschen.

Hinweis: Die ersten und letzten 9 Maschen jeder Reihe werden stets gleich gearbeitet! Nun laut Häkelschrift bis zur 20. Reihe arbeiten, danach das Tuch sinngemäß fortsetzen, bis die Wunschlänge erreicht ist bzw. bis nur noch je 2 Farbabschnitte der BOBBEL übrig sind. Das Original hat 97 Reihen. Anschließend noch 5 Reihen im Kleinen Perlmuster häkeln, damit sich die Kante nicht einrollt. Anschließend alle Maschen abketten.

Fertigstellung: Aus dem restlichen Garn wunschgemäß 21 Quasten anfertigen. Zum Anbringen der Quasten die Position am Tuch markieren und die letzte Reihe des Tuches zusätzlich mit 1 Reihe Kettmaschen behäkeln. An den Markierungen 1 zusätzliche Luftmasche arbeiten, 1 Luftmasche arbeiten, dabei den Faden um die Schlinge der Quaste herum holen, 1 Kettmasche in die 1. Luftmasche arbeiten und dann das Tuch weiter mit Kettmaschen bis zur nächsten Markierung behäkeln.

Häkelschrift

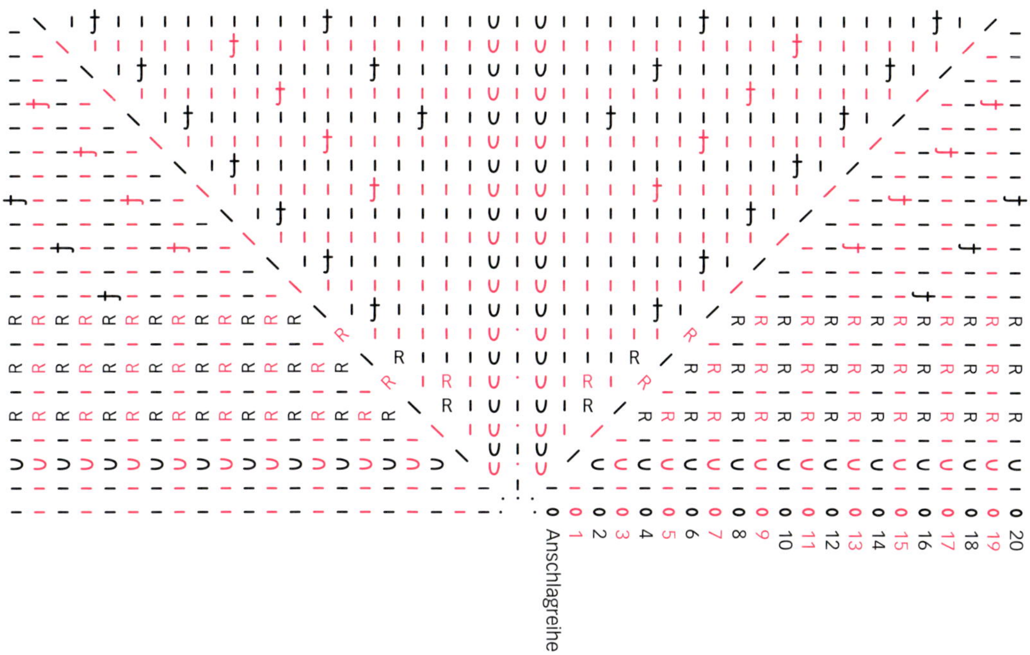

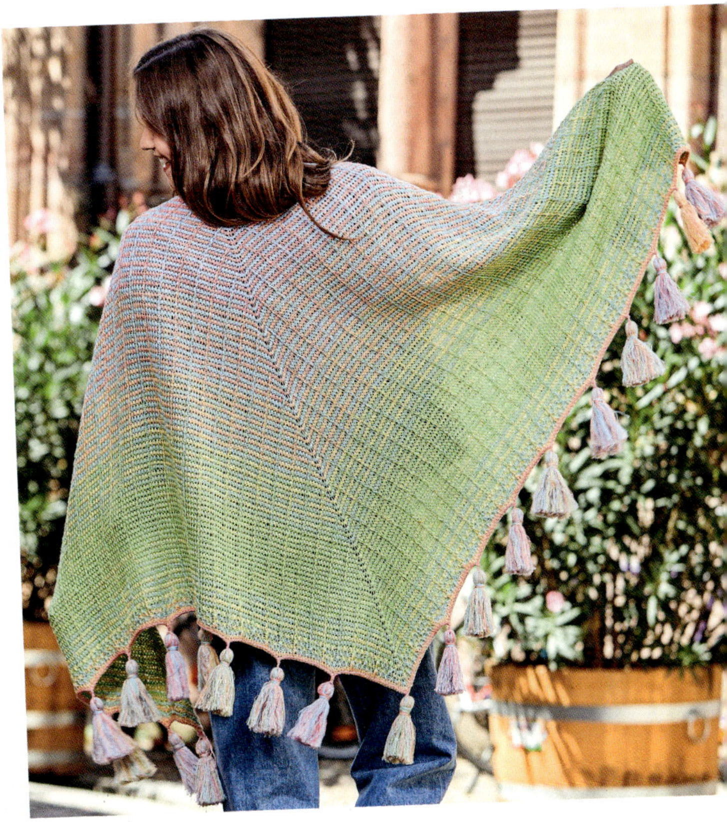

Zeichenerklärung

· = 1 Luftmasche

0 = 1 Anfangsschlinge

ı = 1 Masche im Grundstich

R = 1 Reversestich

ϯ = 1 tiefer gestochene Stäbchen-Masche (= Umschlag um die Nadel legen, in die darunterliegende senkrecht liegende Grundstich-Masche einstechen, den Faden holen und durchziehen, dann den Faden holen und durch 2 Schlingen ziehen, nochmals den Faden holen und durch 2 Schlingen ziehen)

∪ = in einer Hinreihe 1 Umschlag (den Faden von hinten nach vorn um die Nadel legen)

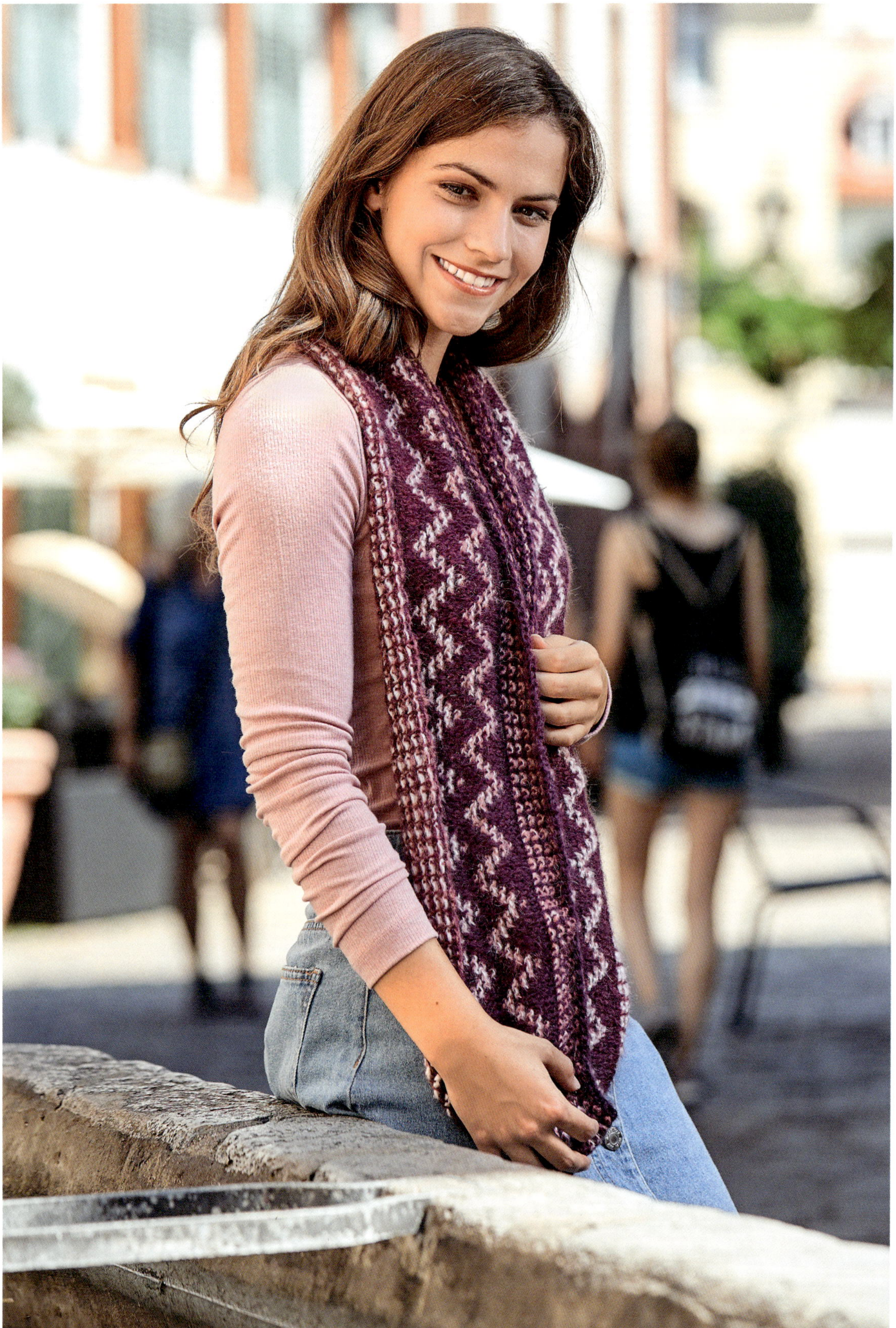

Video-Link:
goo.gl/QDk6F9

LOOP

Rundum-Zacken

Größe: ca. 20 x 150 cm (Umfang)

MATERIAL

- Woolly Hugs BOBBEL-MOHAIR (15 % Mohair, 85 % Polyamid, Lauflänge ca. 420 m/150 g) von L&K (www.VeronikaHug.com): 1 BOBBEL in Wunschfarbe (Original in Farbe Nr. 204)
- 1 Tunesische Doppel-Häkelnadel Nr. 7–8

Vorbereiten

Den BOBBEL wiegen und von außen die Hälfte abwickeln, sodass man 2 Teile hat.

Grundwissen und Häkeln in Runden

Siehe Workshop Seite 58–63.

Zackenmuster

Maschenzahl teilbar durch 8. Laut Häkelschrift arbeiten. Die gezeichneten Maschen stets wiederholen. Es sind nur die Hinrunden gezeichnet. Die Durchzugsrunden stets wie im Workshop auf Seite 61–62 arbeiten. Die **1. Runde** insgesamt 4 x arbeiten, dann die **5.–12. Runde** 1 x häkeln und anschließend für die **13.–19. Runde** die 6.–12. Runde 1 x wiederholen. Abschließend die **20.–22. Runde** 1 x arbeiten. Danach die **22. Runde** stets wiederholen, bis das Material zu Ende ist.

Maschenprobe im Zackenmuster im Durchschnitt

17 Maschen und 13 Reihen = 10 x 10 cm

SO WIRD´S GEMACHT

Mit dem BOBBEL von innen beginnend 264 Luftmaschen anschlagen und die Luftmaschenkette mit 1 Kettmasche in die 1. Luftmasche zur Runde schließen. Dabei darauf achten, dass sich die Kette nicht verdreht. Nun laut Workshop aus der Rückseite jeder Luftmasche 1 Masche auffassen. Die Durchzugsrunde jeweils wie im Workshop beschrieben mit dem abgewickelten Teil des BOBBELs arbeiten (= **Anschlagreihe**). Nun im Zackenmuster wie beschrieben weiterarbeiten. Kurz vor Ende des Materials die Maschen locker abketten.

Häkelschrift

								Runde
R	I	R	I	R	I	R	I	22
V	V	V	V	V	V	V	V	21
V	V	V	V	V	V	V	V	20
V	V	V	R	V	V	V	V	12, 19
V	V	R	R	R	V	V	V	11, 18
V	R	R	V	R	R	V	V	10, 17
R	R	V	V	V	R	R	V	9, 16
R	V	V	V	V	V	R	R	8, 15
V	V	V	V	V	V	V	R	7, 14
V	V	V	V	V	V	V	V	6, 13
V	V	V	V	V	V	V	V	5
R	I	R	I	R	I	R	I	1, 2, 3, 4
!	!	!	!	!	!	!	!	

└──── MS ────┘

Zeichenerklärung

- · = 1 Luftmasche
- I = 1 Masche im Grundstich
- V = 1 Masche im Strickstich
- R = 1 Masche im Reversestich
- MS = Mustersatz

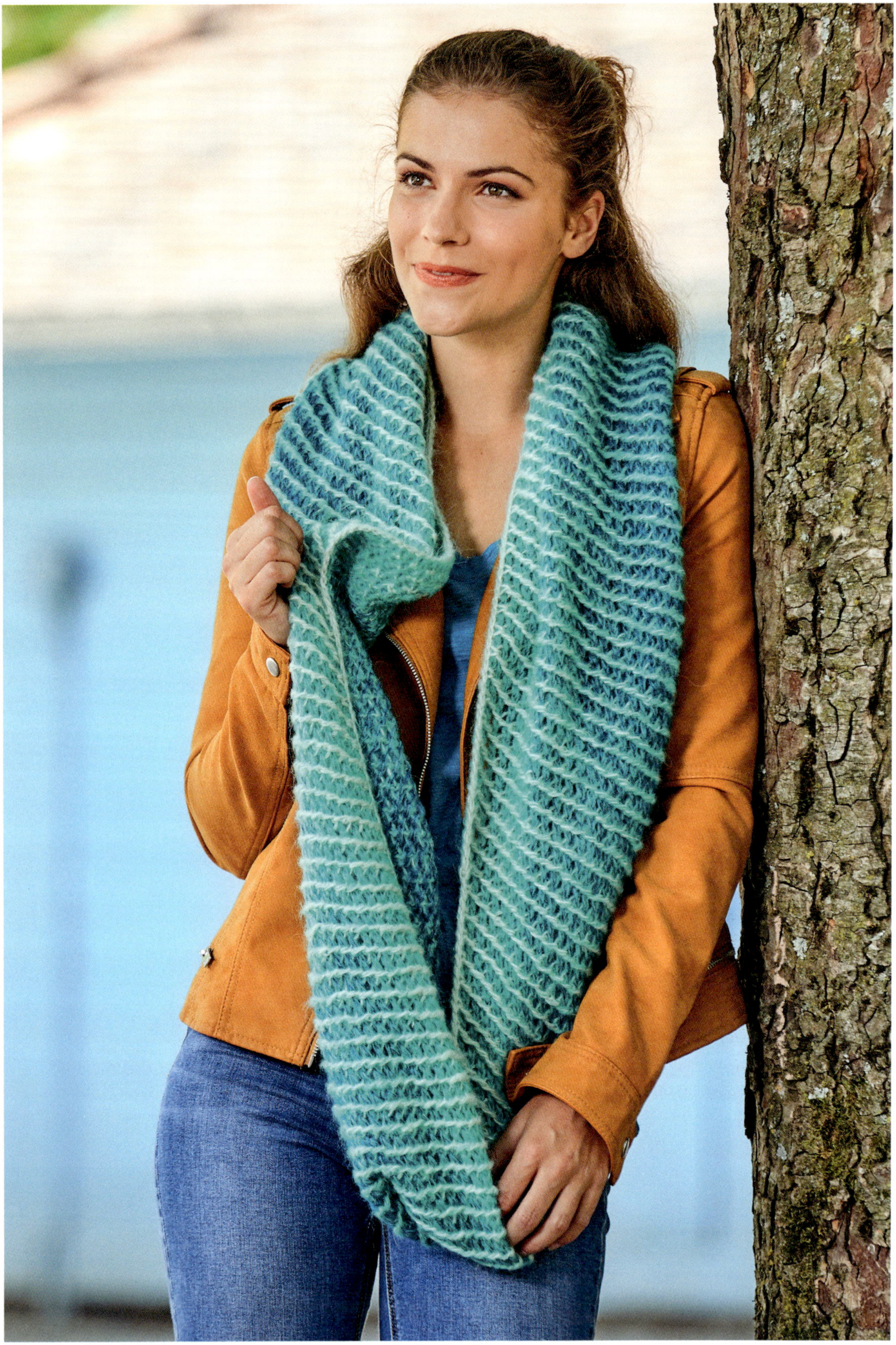

Video-Link:
goo.gl/QDk6F9

LOOP

Leichte Schräglage

Größe: ca. 26 x 170 cm (Umfang)

MATERIAL

- Woolly Hugs BOBBEL-MOHAIR (15 % Mohair, 85 % Polyamid, Lauflänge ca. 420 m/150 g) von L&K (www.VeronikaHug.com): 1 BOBBEL in Wunschfarbe (Original in Farbe Nr. 206)
- 1 Tunesische Doppel-Häkelnadel Nr. 7–8

Vorbereiten

Den BOBBEL wiegen und von außen die Hälfte abwickeln, sodass man 2 Teile hat.

Grundwissen und Häkeln in Runden

Siehe Workshop Seite 58–63.

7-Meilen-Muster

Mit gerader Maschenzahl: **1. Hinrunde:** Mit dem BOBBEL von innen beginnend: * 1 Umschlag auf die Nadel legen, in die folgenden 2 Maschen zusammen wie für den Grundstich einstechen und den Faden durchholen, ab * stets wiederholen. Wenn auf die Nadel keine weiteren Maschen mehr passen, für die **1. Durchzugsrunde** den Faden vom abgewickelten Teil wie im Workshop auf Seite 61–62 beschrieben nachziehen. Dann wieder die 1. Hinrunde bis zum Ende fortführen und die Durchzugsrunde entsprechend arbeiten. **2. Hinrunde:** Mit dem BOBBEL von innen: * 1 Umschlag auf die Nadel legen, in den folgenden Umschlag und die folgende Masche einstechen und den Faden durchholen, ab * stets wiederholen. Die **2. Durchzugsrunde** wie die 1. Durchzugsrunde arbeiten. Die 2. Hinrunde stets wiederholen.

Maschenprobe 7-Meilen-Muster

13 Maschen und 11 Reihen = 10 x 10 cm

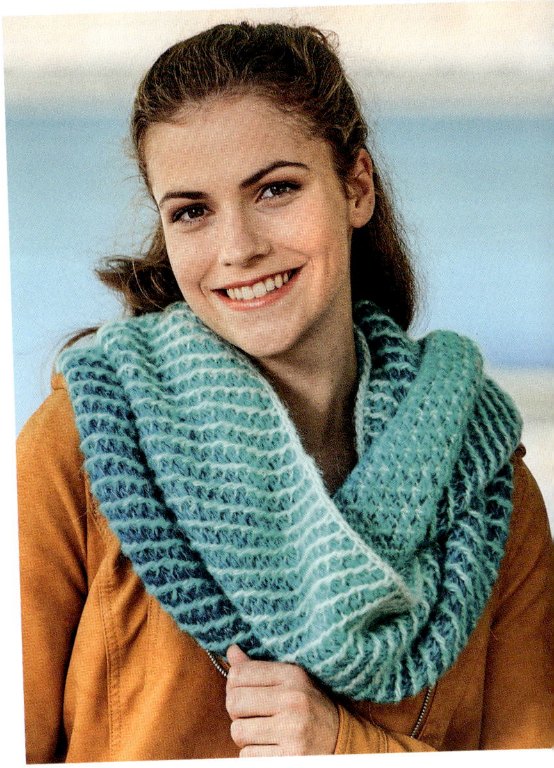

SO WIRD´S GEMACHT

Mit dem BOBBEL von innen beginnend 220 Luftmaschen anschlagen und die Luftmaschenkette mit 1 Kettmasche in die 1. Luftmasche zur Runde schließen. Dabei darauf achten, dass sich die Kette nicht verdreht. Nun laut Workshop aus der Rückseite jeder Luftmasche 1 Masche auffassen. Die Durchzugsrunde jeweils wie im Workshop beschrieben mit dem abgewickelten Teil des BOBBELs arbeiten (= **Anschlagreihe**). Nun im 7-Meilen-Muster weiterarbeiten. Kurz vor Ende des Materials die Maschen locker abketten.

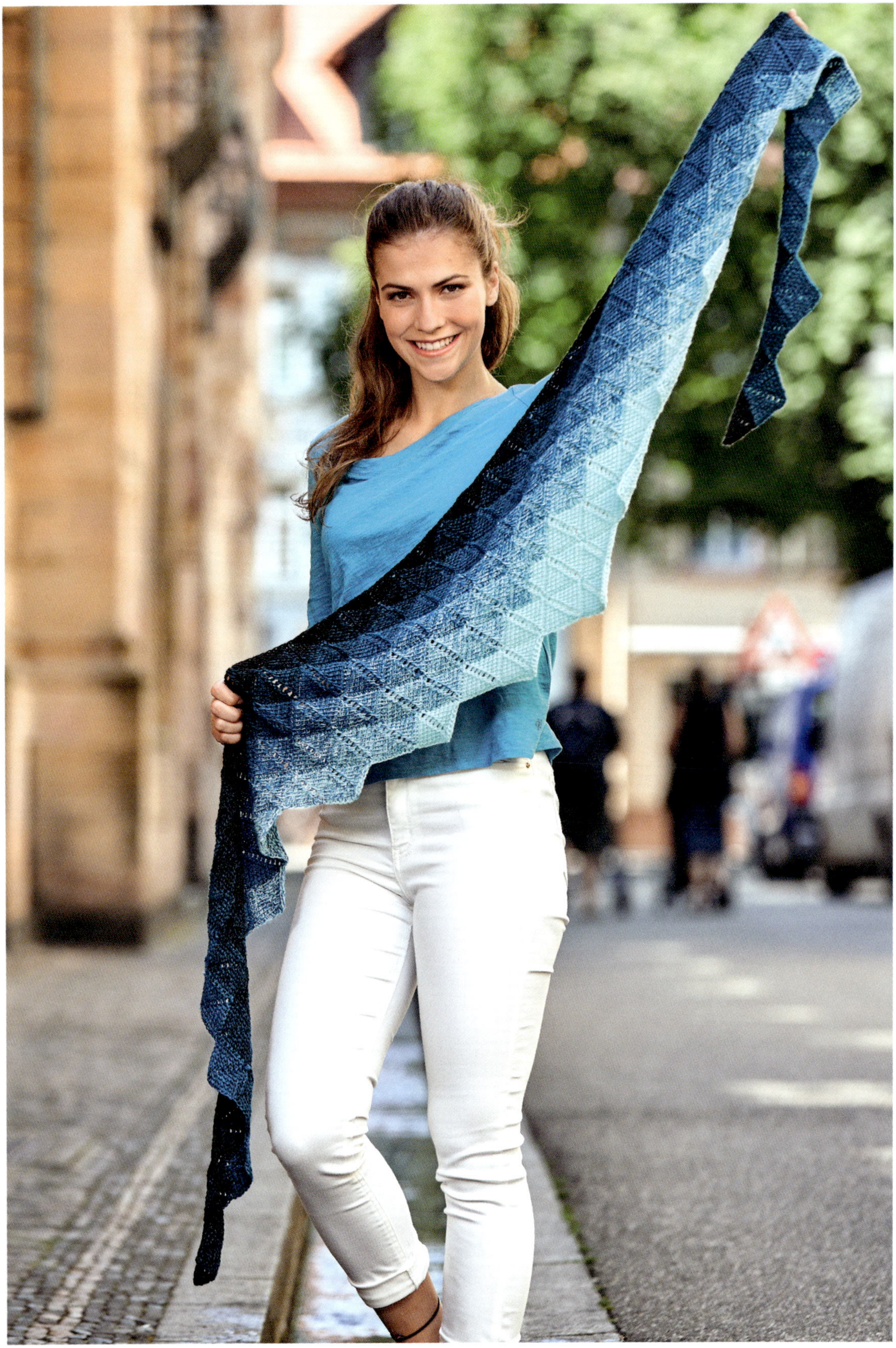

Video-Link:
goo.gl/QDk6F9

TUCH

Entrelac-Spezial

Größe: ca. 170 x 82 cm

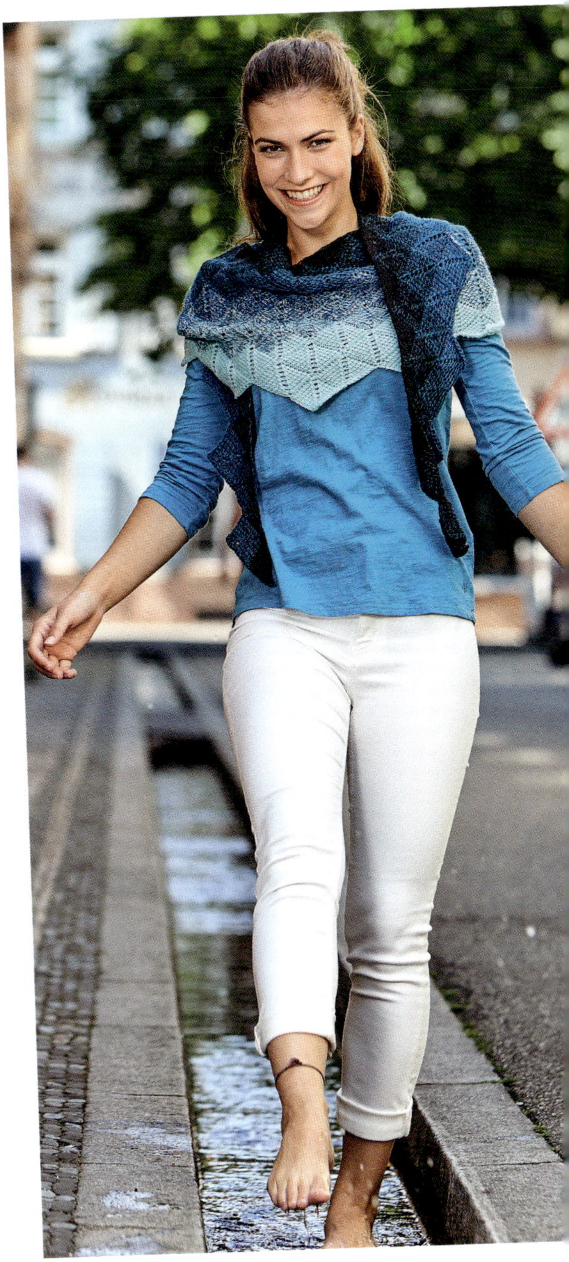

MATERIAL

- Woolly Hugs BOBBEL-MERINO (100 % Merino fein, Lauflänge ca. 700 m/200 g) von L&K (www.VeronikaHug.com): 1 BOBBEL in Wunschfarbe (Original in Farbe Nr. 104)
- 1 Tunesische Häkelnadel Nr. 4–5 mit Seil von addiClick by Woolly Hugs

Anschlag, Grundstich und Abketten
Siehe Workshop Seite 58–59.

Maschenprobe
1 Quadrat aus 10 Maschen und 8 Reihen im Grundstich = 4,5 x 4,5 cm

SO WIRD´S GEMACHT

Im Entrelac-Muster wie folgt häkeln:
1. Quadrat: Laut Häkelschrift 1 arbeiten. Dafür 10 Luftmaschen anschlagen und die **1. Hin- und Rückreihe (= Anschlagreihe)** wie im Workshop beschrieben arbeiten, dabei die Rückreihe mit 2 Luftmaschen beginnen, dann 3 Schlingen zusammen abmaschen und anschließend 7 x je 2 Schlingen abmaschen, bis alle Maschen abgemascht sind. **2.–8. Hin- und Rückreihe:** Laut Häkelschrift 1 arbeiten und abhäkeln. Danach den Faden abschneiden und durchziehen.
Folgend alle Quadrate wie in Häkelschrift 1 gezeichnet arbeiten. Häkelschrift 2 zeigt der Übersichtlichkeit halber stets nur Grundstich.
2. Quadrat (= 1. Quadrat der 2. Quadrat-Reihe): Am grünen Pfeil beginnend an der 10. Luftmasche des Luftmaschenanschlages für das 1. Quadrat anschlingen und 26 Luftmaschen häkeln. **1. Hinreihe:** Die Schlinge auf der Nadel

bildet die 1. Masche. Aus der 25.–18. Luftmasche jeweils 1 Schlinge aufnehmen und auf der Nadel liegen lassen (= 9 Schlingen). Die 10. Schlinge aus der 17. Luftmasche auffassen (siehe Pfeil in Häkelschrift 2); **1. Rückreihe:** 1 Luftmasche, 1 x den Faden durch 3 Schlingen ziehen, dann stets den Faden holen und durch 2 auf der Nadel liegende Schlingen ziehen, bis alle Maschen abgemascht sind. **2.–8. Hin- und Rückreihe:** Im Grundstich und Ajourmuster laut Häkelschrift 1 und 2 arbeiten, dabei die 10. Schlinge jeder Hinreihe aus der folgenden Luftmasche auffassen. Danach das Quadrat wie beschrieben mit Kettmaschen beenden, jedoch für die letzte Kettmasche in die 9. angehäkelte Luftmasche einstechen, für das **3. Quadrat (= 2. Quadrat der 2. Quadrat-Reihe)** aus der 8.–1. Luftmasche je 1 Schlinge herausholen = 9 Schlingen. Für die 10. Schlinge an der 1. Reihe des 1. Quadrates anschlingen. **2.–8. Hin- und Rückreihe:** Im

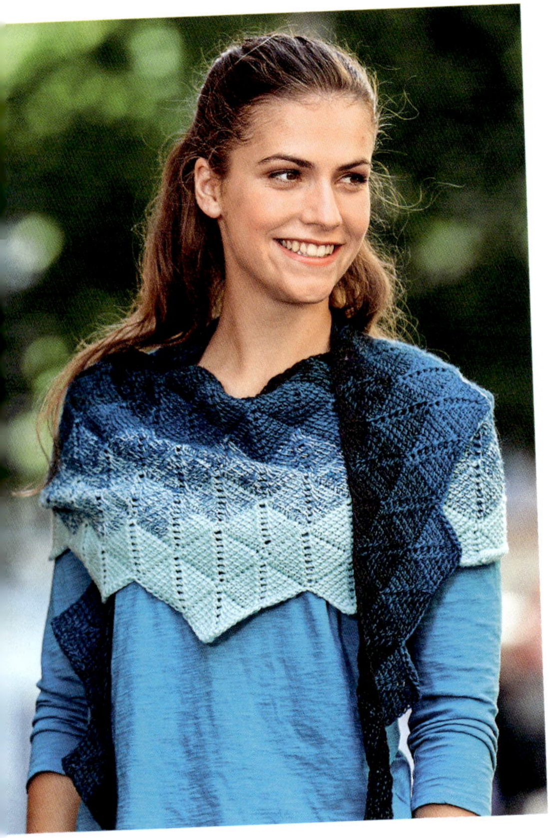

Grundstich und Ajourmuster laut Häkelschrift 1 und 2 arbeiten. Danach das Quadrat wie beschrieben mit Kettmaschen beenden, jedoch für die letzte Kettmasche unter der 1. Kettmasche des 1. Quadrates einstechen, Faden holen und durch beide Schlingen ziehen.

4. Quadrat (= 3. Quadrat der 2. Quadrat-Reihe): 1. Hinreihe: Die Schlinge auf der Nadel bildet die 1. Masche. Unter der 2.–9. Kettmasche des 1. Quadrates jeweils einstechen, den Faden durchholen und die Schlinge auf der Nadel liegen lassen = 9 Schlingen. Für die 10. Schlinge in die darunterliegende Randmasche wie gewohnt einstechen und den Faden durchholen. Nun das Quadrat wie das 1. Quadrat beenden. Anschließend für das **5. Quadrat (= 4. Quadrat der 2. Quadrat-Reihe)** wie folgt Maschen anhäkeln: In die darunterliegende Randmasche einstechen und 2 Luftmaschen arbeiten, * in die 1. Luftmasche einstechen, den Faden durchholen und 2 Luftmaschen arbeiten, ab * stets wiederholen, bis 10 Schlingen auf der Nadel liegen. Nun das Quadrat wie das 1. Quadrat beenden.

6.–12. Quadrat (= 1.–7. Quadrat der 3. Quadrat-Reihe): Am roten Pfeil beginnend für das 6. Quadrat an der 26. Luftmasche des 2. Quadrates anschlingen und die 7 Quadrate wie beim 1. Quadrat (= Grundstich mit Umschlägen) arbeiten.

Hinweis: Die Häkelschrift zeigt nur das 1.–12. Quadrat. Im Anschluss an das 12. Quadrat wird in Häkelschrift 2 ein Dreieck gezeigt. Diese Dreiecke ganz am Ende zur Begradigung des Tuches im Grundstich und Ajourmuster häkeln.

13.–22. Quadrat (= 1.–10. Quadrat der 4. Quadrat-Reihe): Für das 13. Quadrat an der 26. Luftmasche des 6. Quadrates anschlingen und wie beim 6. Quadrat arbeiten. Anschließend noch weitere 6 Quadrat-Reihen arbeiten, in denen jeweils 3 Quadrate mehr als in der Vorreihe gearbeitet werden. Danach für die Begradigung 29 Dreiecke laut Häkelschrift arbeiten. Für das 1. Dreieck an der 10. Luftmasche des äußersten Quadrates anschlingen und 9 Luftmaschen häkeln. Dann die 1. Hinreihe wie bei einem Quadrat arbeiten = 10 Schlingen.

Anschließend die 1. Rückreihe wie in der Häkelschrift beim Dreieck gezeichnet arbeiten. Dafür jeweils 2 Schlingen zusammen abmaschen, bis nur noch 3 Schlingen auf der Nadel liegen. Diese 3 Schlingen zusammen abmaschen (= 1 Abnahme). In der 2. Hinreihe sind durch die Abnahmen nur noch 9 Schlingen auf der Nadel. Nun in jeder Rückreihe jeweils 2 Schlingen zusammen abmaschen, bis wieder nur noch 3 Schlingen auf der Nadel liegen. Diese 3 Schlingen zusammen abmaschen (= 1 Abnahme). Die weiteren Reihen laut Häkelschrift arbeiten, bis nach der 8. Reihe alle Maschen abgenommen sind. Dann 1 Luftmasche häkeln, mit 1 Kettmasche am folgenden Quadrat anschlingen und die 1. Reihe wieder wie bei einem Quadrat arbeiten = 10 Schlingen. Nun das Dreieck wie das 1. Dreieck beenden. So fortfahren, bis alle Dreiecke gehäkelt sind. Beim letzten Dreieck die 10. Schlinge wie beim Quadrat beschrieben aus der Kante des darunterliegenden Quadrates holen und diese Masche wie beschrieben als Randmasche arbeiten.

Häkelschrift 2

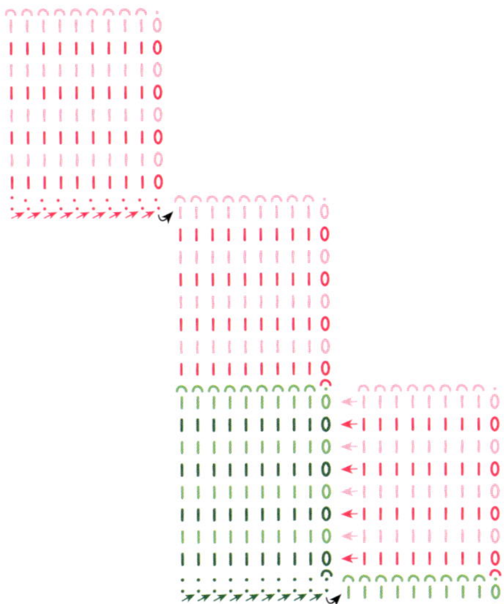

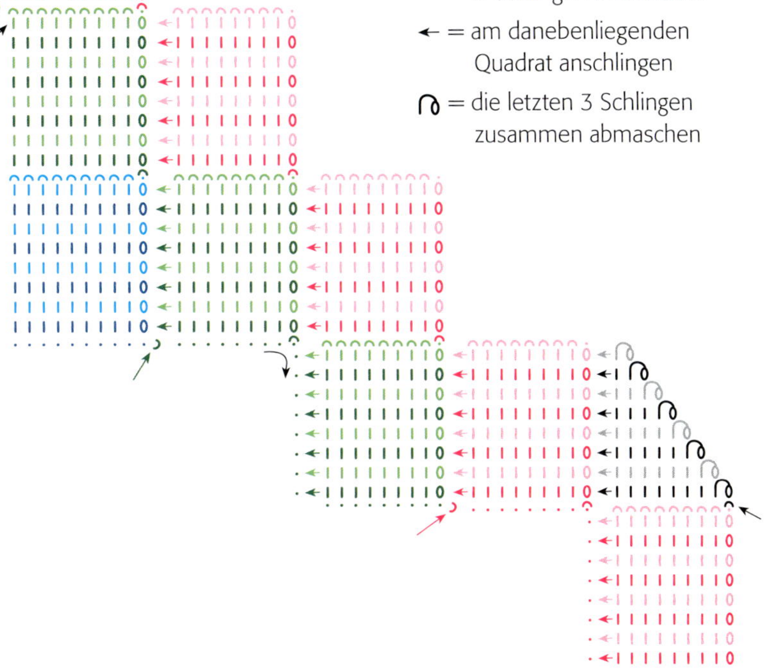

Zeichenerklärung

· = 1 Luftmasche

0 = 1 Anfangsschlinge

I = 1 Masche im Grundstich

~ = in einer Rückreihe 2 Schlingen abmaschen

ᴖ = 1 Kettmasche

2 = in einer Rückreihe 3 Schlingen abmaschen

← = am danebenliegenden Quadrat anschlingen

ᴖ0 = die letzten 3 Schlingen zusammen abmaschen

Häkelschrift 1

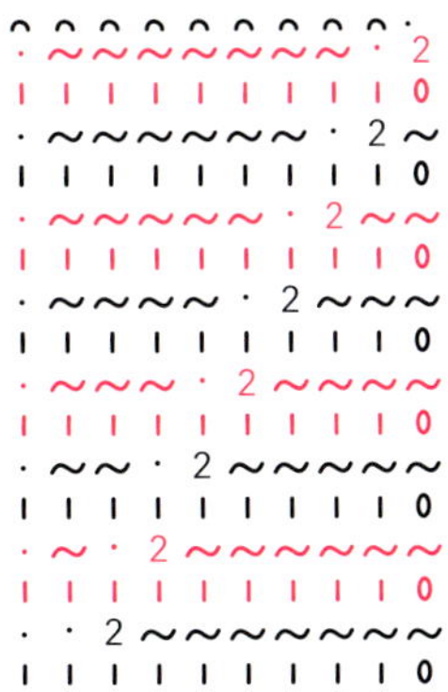

WORKSHOP
TUNESISCH HÄKELN

Anschlag – in Reihen

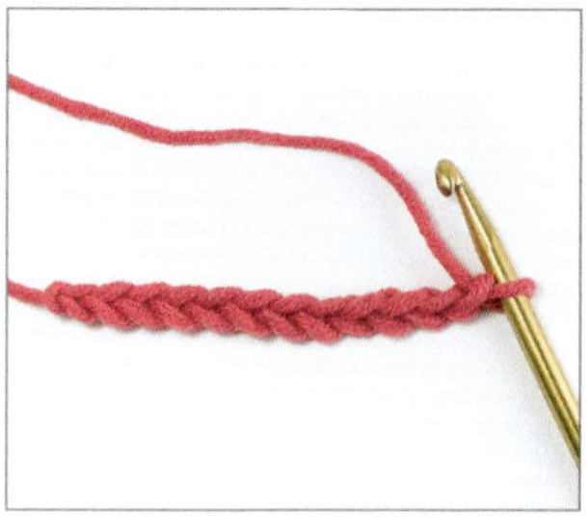

Jede Arbeit beginnt mit einer Luftmaschenkette.
Hier wurden 12 Luftmaschen angeschlagen.

1. Reihe – Anschlagreihe

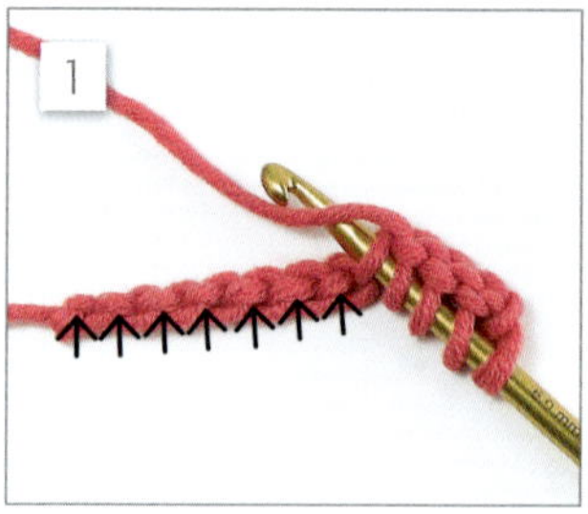

Hinreihe – Maschen auffassen: Die Luftmaschenkette nach vorne drehen und auf der Rückseite in die quer liegende Maschenschlinge der 11.–1. Luftmasche einstechen, den Faden holen und die Schlinge als Masche auf der Nadel liegen lassen.

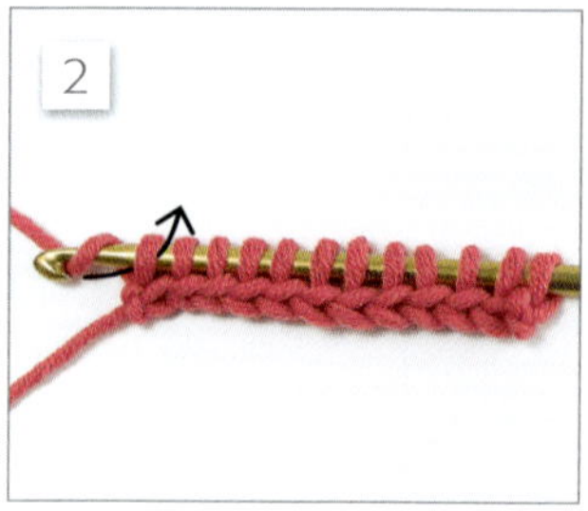

Rückreihe – Maschen abmaschen: Nun die Maschen zurück abhäkeln. Für die 1. Masche (= Randmasche) den Faden holen und durch 1 Schlinge ziehen.

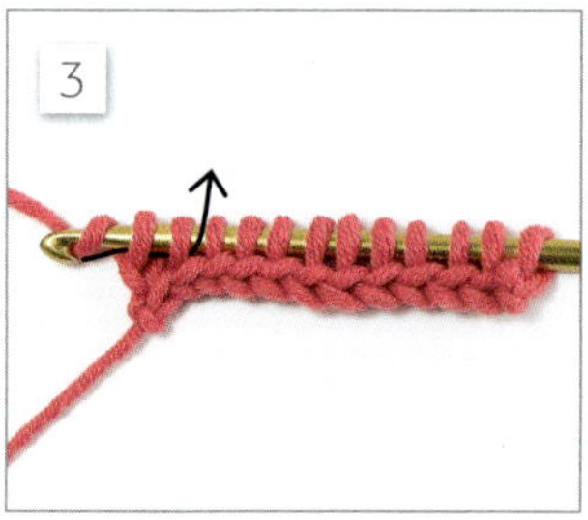

Für alle folgenden Maschen den Faden holen und durch 2 Schlingen ziehen. Diesen Vorgang wiederholen, bis alle Maschen abgehäkelt/abgemascht sind.

Grundstich

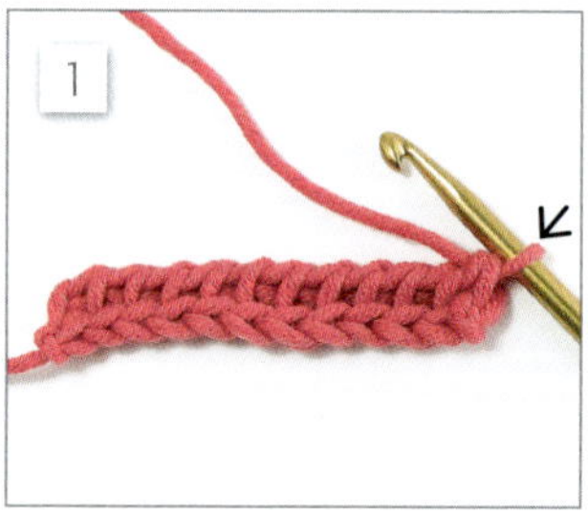

Die Schlinge auf der Nadel bildet die 1. Masche für die folgende Reihe.

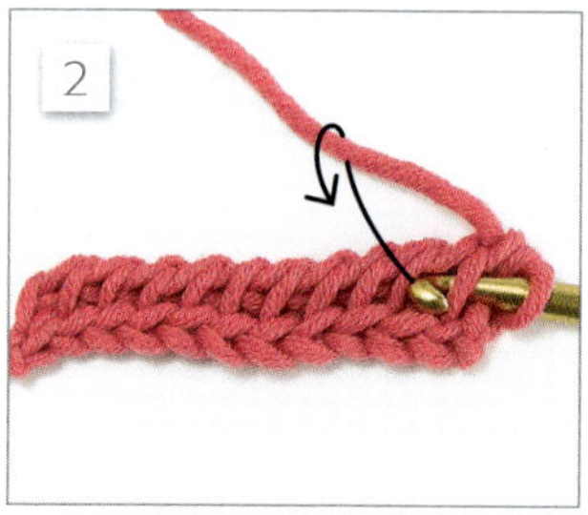

Maschen auffassen: In die senkrecht stehende Maschenschlinge der 2. Masche einstechen, den Faden von unten kommend holen und durchziehen. Dann die Schlinge als Masche auf der Nadel liegen lassen.

Besonderheiten dieser Häkeltechnik: 1 Reihe setzt sich stets aus 1 Hin- und 1 Rückreihe zusammen. In Hinreihen werden von rechts nach links Schlingen aufgenommen, in Rückreihen werden diese von links nach rechts wieder abgemascht. Am Ende wird nicht gewendet, es wird stets auf der Vorderseite gearbeitet.

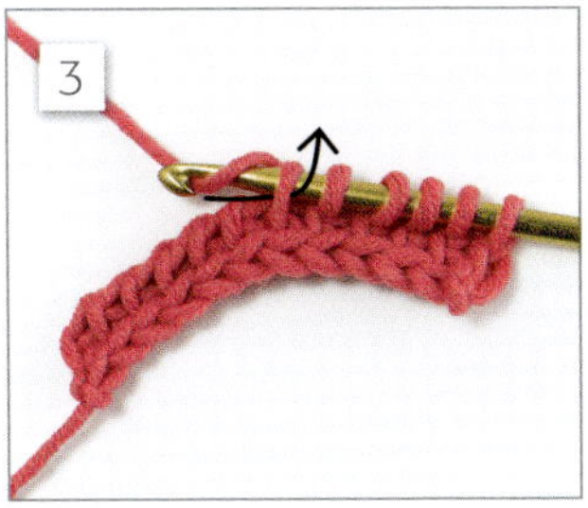

Diesen Vorgang wiederholen, bis am Ende nur noch die Randmasche übrig ist.

Randmasche

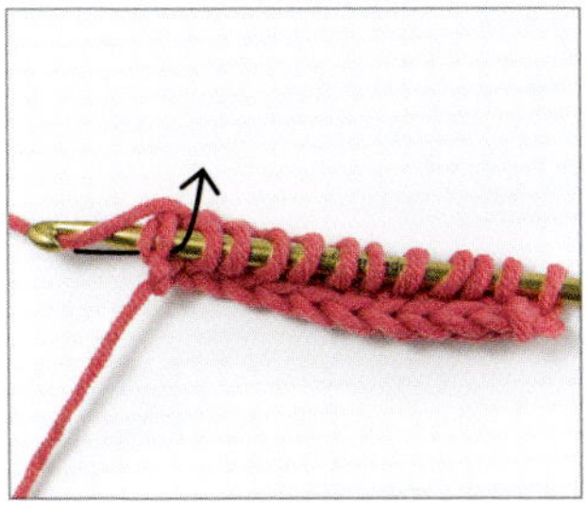

Für die Randmasche in beide Maschenschlingen am Ende der Reihe einstechen. Die folgende Rückreihe genauso arbeiten, wie die Rückreihe der Anschlagreihe.

Abketten

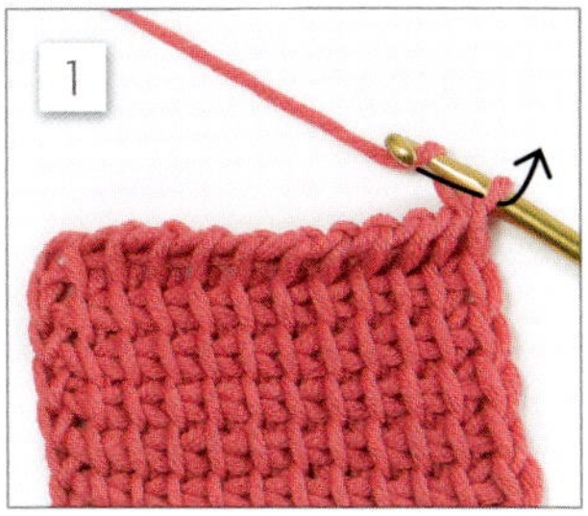

Am Ende der Arbeit die Maschen abketten. Zunächst 1 zusätzliche Luftmasche häkeln. Dafür den Faden von unten kommend holen und durchziehen.

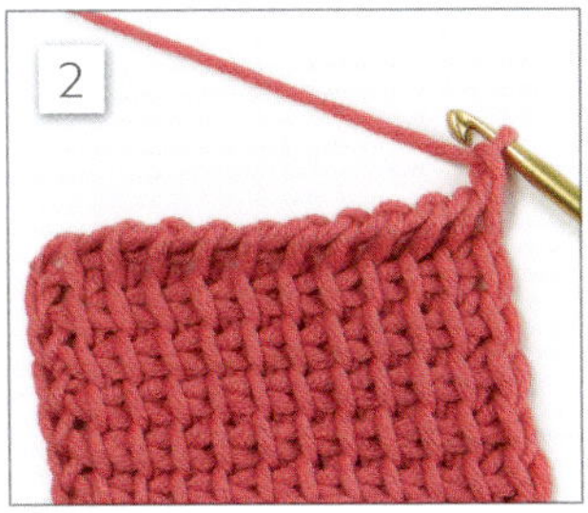

Diese zusätzliche Luftmasche am rechten Rand nur am Ende der Arbeit vor dem Abketten der 1. Masche arbeiten.

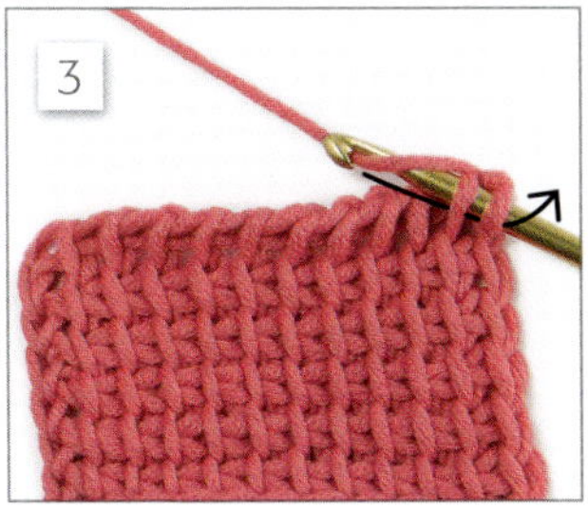

Danach in die senkrecht stehende Schlinge der 2. Masche einstechen, den Faden von unten kommend holen und durch beide Schlingen ziehen (= Kettmasche). Diesen Vorgang wiederholen, bis am Ende nur noch die Randmasche übrig ist.

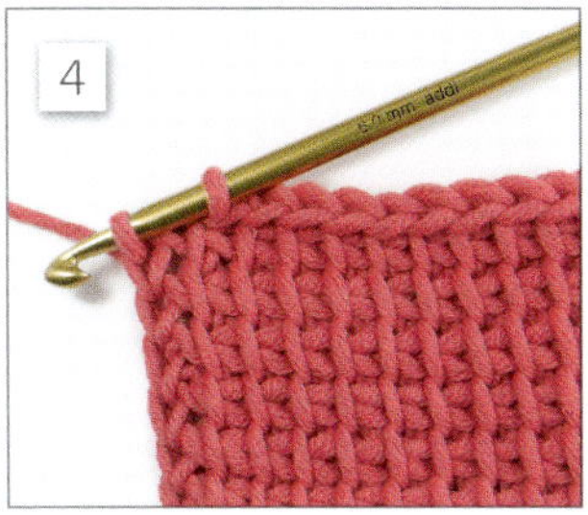

In die Randmasche wie gewohnt einstechen, den Faden holen und durch die Randmasche ziehen. Danach nochmals den Faden holen und durch 2 Schlingen ziehen. Nun die Arbeit beenden. Dafür den Faden abschneiden und durch die letzte Schlinge auf der Nadel ziehen.

Farbwechsel rechts

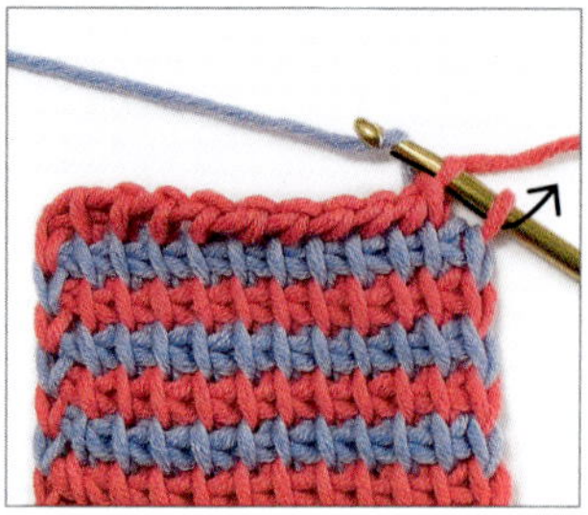

Für ein klares Streifenmuster die Farben auf der rechten Seite wechseln. Dafür in der letzten Rückreihe die letzten beiden Schlingen bereits mit der neuen Farbe abmaschen.

Farbwechsel links

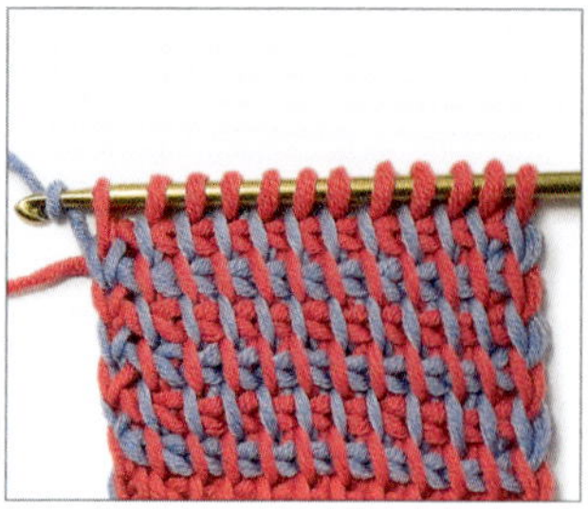

Für ein Webmuster die Farben auf der linken Seite wechseln. Dafür die zusätzliche Luftmasche am Ende der Hinreihe bereits mit der neuen Farbe arbeiten.

4 Schlingen zusammen abmaschen

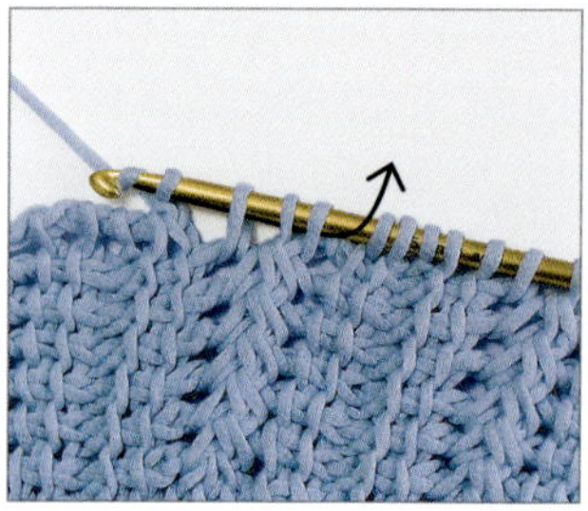

In einer Rückreihe den Faden holen und durch 4 Schlingen ziehen.

In 3 Schlingen zusammen einstechen

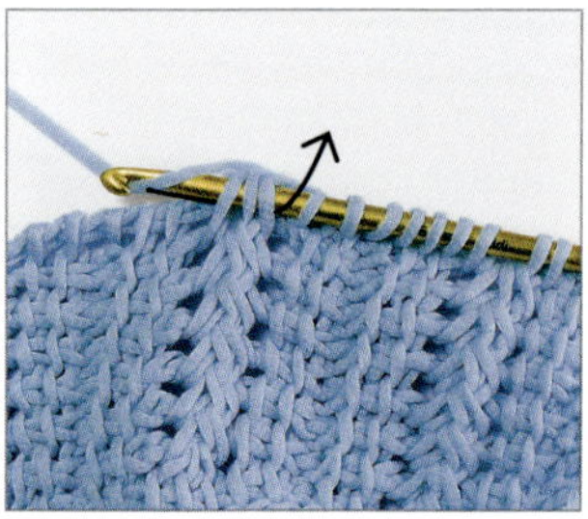

In einer Hinreihe in 3 Schlingen zusammen einstechen und den Faden durchholen.

Linke Masche

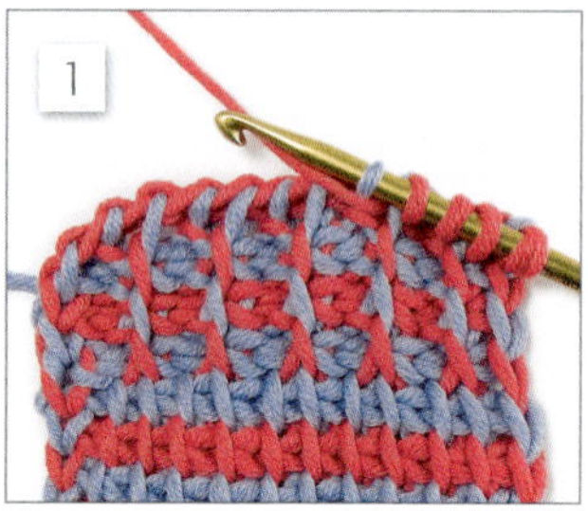

Den Faden vor die Arbeit legen und hinter dem Faden in die senkrecht stehende Maschenschlinge einstechen.

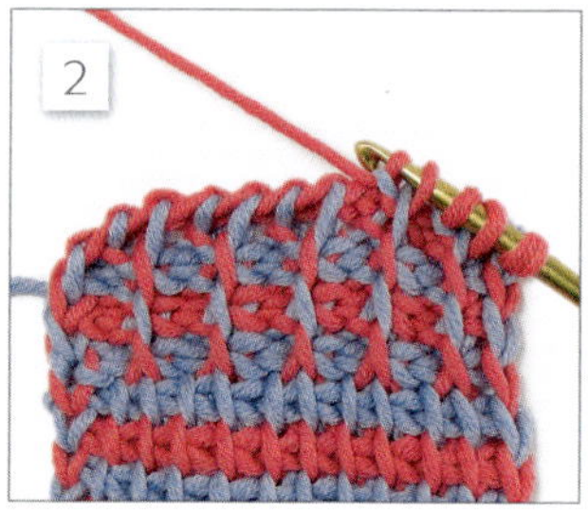

Dann den Faden von oben mit der Häkelnadel holen und durch die Schlinge ziehen, dabei die Nadel leicht nach hinten wegziehen.

Strickstich

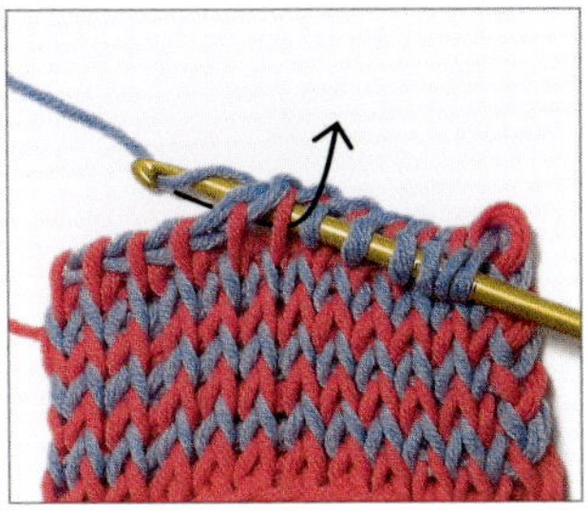

In die Masche einstechen, dabei die Nadel unter der Durchzugsreihe bis auf die Rückseite durchführen und den Faden durchholen.

Reversestich

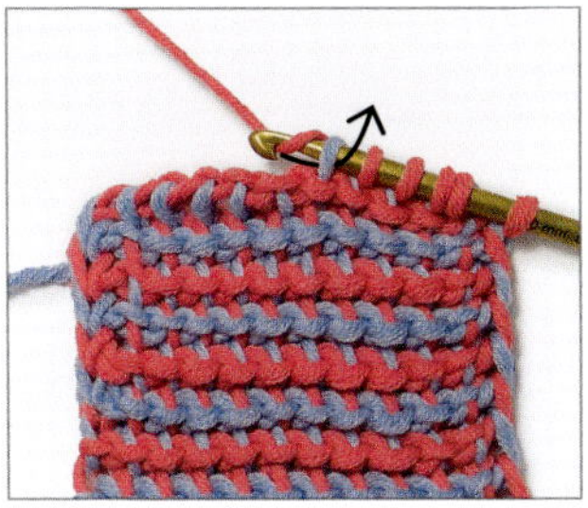

Auf der Rückseite in die senkrecht stehende Maschenschlinge einstechen, dabei „kippt" die Durchzugsreihe nach vorne. Dann den Faden von unten kommend holen und durchziehen.

1 Masche in der Hinreihe abnehmen

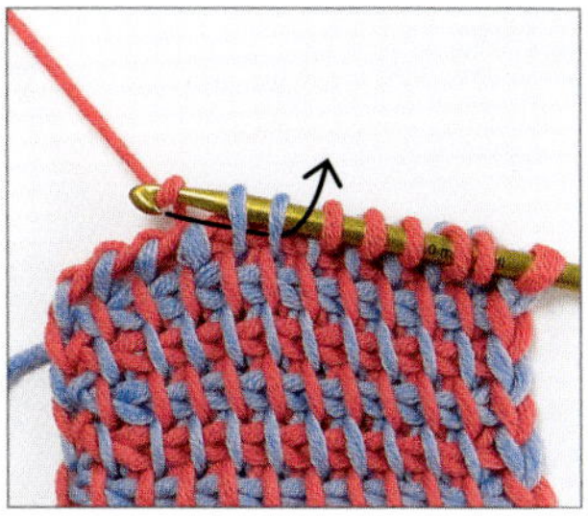

In der Hinreihe durch 2 senkrecht stehende Maschenschlingen zusammen einstechen und den Faden durchholen.

Anschlag – in Runden

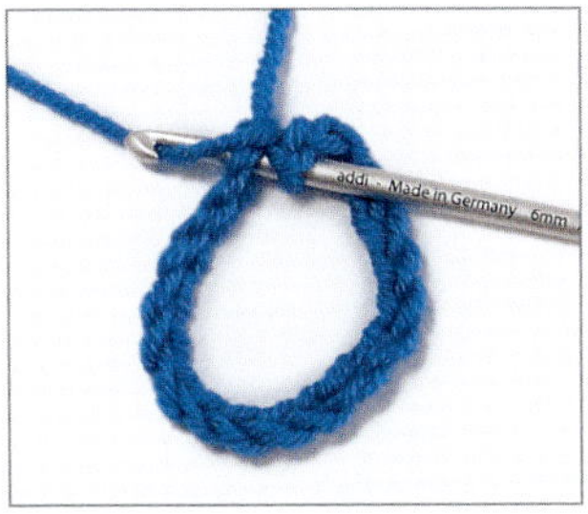

Eine Luftmaschenkette anschlagen und mit 1 Kettmasche in die 1. Luftmasche zur Runde schließen. (Kette nicht verdrehen!)

1. Runde – Anschlagrunde

1

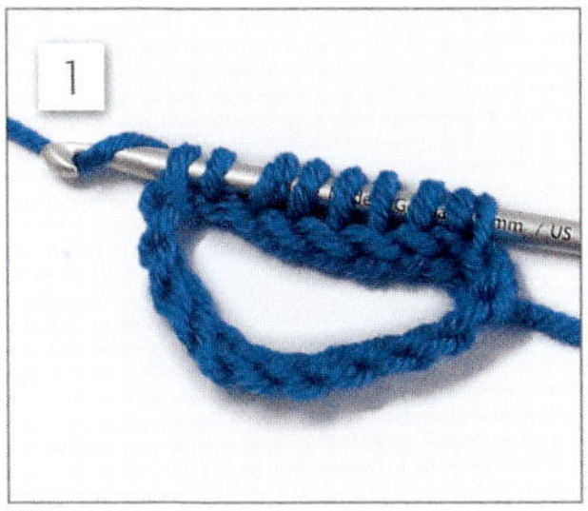

Maschen auffassen: Die Luftmaschenkette drehen und ab der 2. Masche jeweils 1 Schlinge auffassen, bis die Nadel mit Maschen voll ist oder sich nicht mehr um die Runde führen lässt.

2

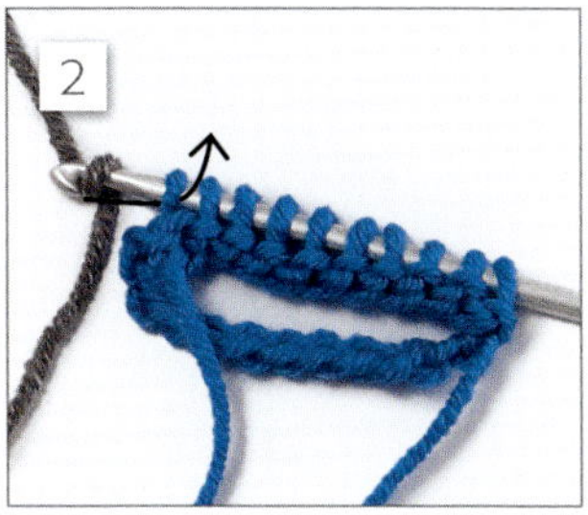

Faden durchziehen: Nun die Arbeit wenden und die Maschen an das andere Ende der Nadel schieben und mit einer 2. Farbe den Faden holen und durch 1 Schlinge ziehen.

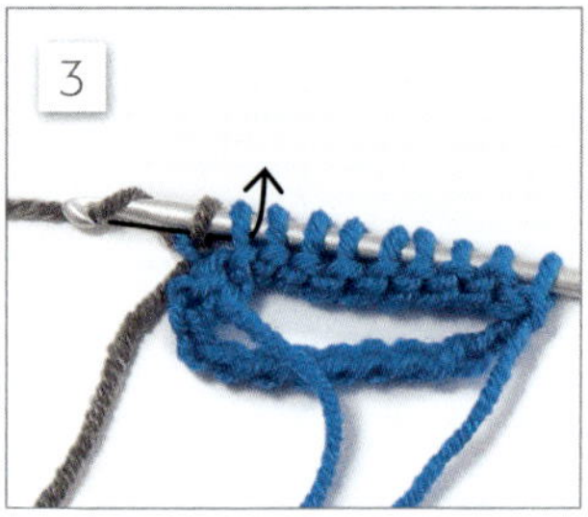

Für alle folgenden Maschen den Faden holen und durch 2 Schlingen ziehen (= Durchzugsreihe bzw. Abhäkeln der Maschen).

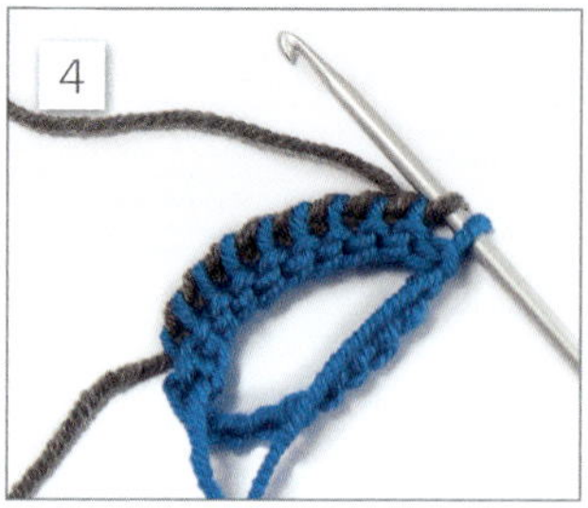

Diesen Vorgang wiederholen, bis nur noch 1 aufgefasste Masche auf der Nadel liegt.

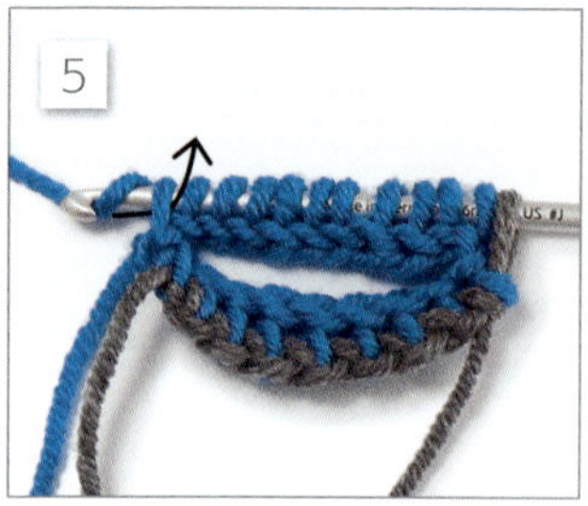

Dann die Arbeit wieder wenden, die Maschen zurückschieben und wieder Maschen auffassen, bis die Nadel voll ist bzw. die Runde beendet ist.

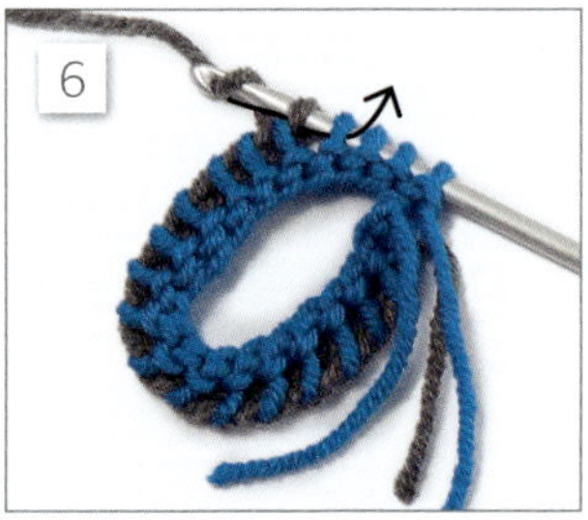

Danach wieder die Arbeit **wenden** und die Maschen an das andere Ende der Nadel schieben und die Maschen wie gewohnt **abhäkeln**.

Weitere Runden

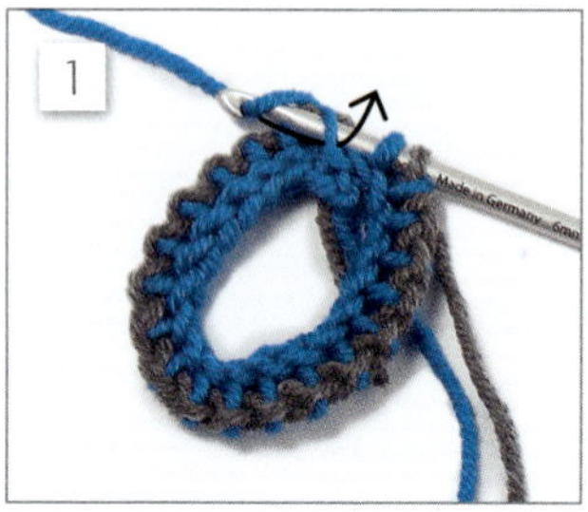

Maschen auffassen: Für die 2. Runde in die senkrecht stehende Maschenschlinge der 1. Runde einstechen, den Faden holen und durchziehen.

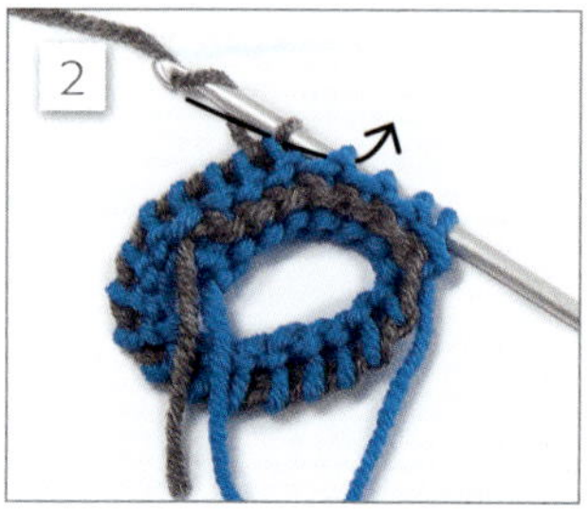

Sind genügend Maschen auf der Nadel, die Arbeit wieder wenden und den Durchzugsfaden wie gewohnt nachziehen und dadurch die **Maschen abhäkeln**.

Entrelac

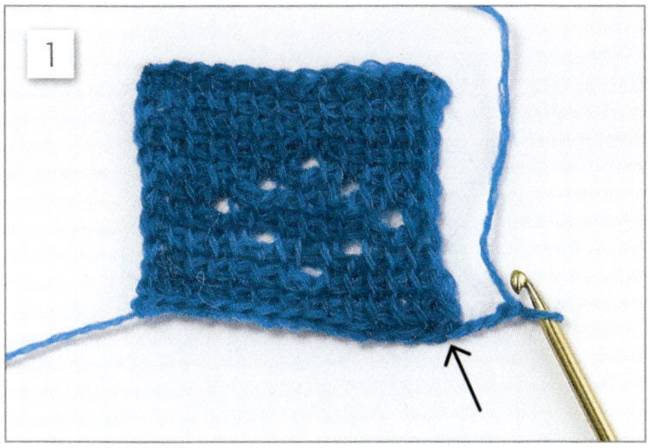

An der letzten Luftmasche des Luftmaschenanschlages für das 1. Quadrat anschlingen und die angegebene Anzahl Luftmaschen häkeln.

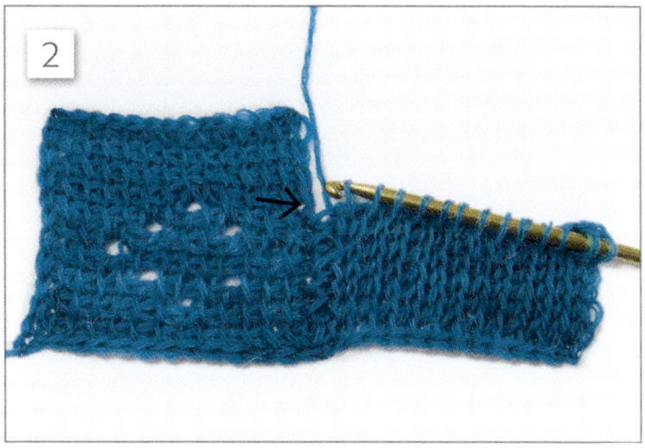

In jeder Hinreihe die letzte Schlinge aus dem seitlichen Rand der 1. Reihe des 1. Quadrates auffassen.

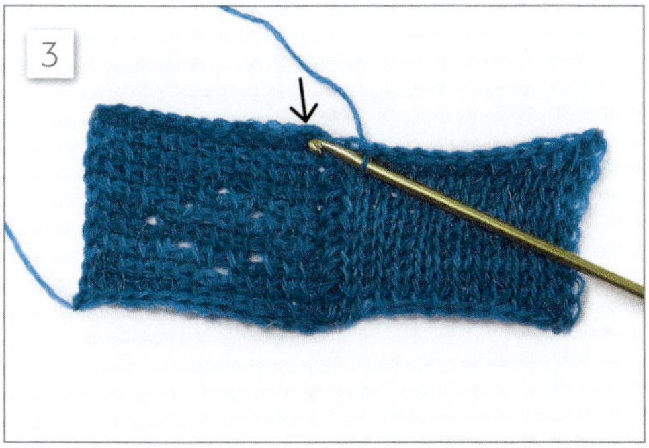

Beim Abhäkeln für die letzte Kettmasche unter der 1. Kettmasche des 1. Quadrates einstechen, Faden holen und durch beide Schlingen ziehen.

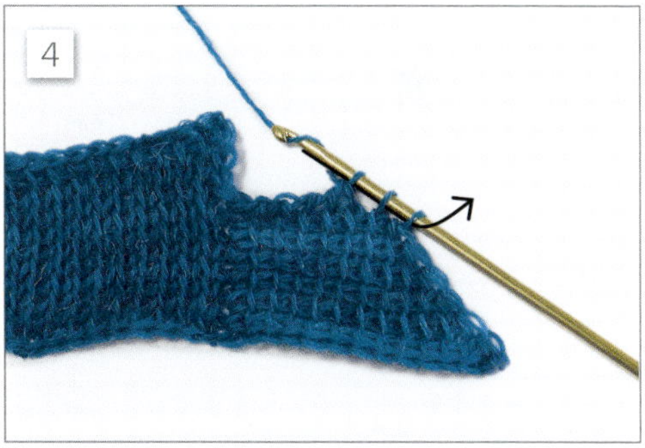

Bei Dreiecken für die Schrägung in den Rückreihen die letzten 3 Schlingen zusammen abmaschen.

IMPRESSUM

Verantwortlich: Maria Möllenkamp
Design & Realisation: Veronika Hug, Corinna Jungo-Stadtler, Katja Kamp, Ursula Stoltz
Fotos & Styling: Florian Bilger Fotodesign
Lektorat: Johanna Heiß
Korrektorat: Margit Huber
Layout: GrafikwerkFreiburg
Umschlaggestaltung: Guter Punkt GmbH & Co. Kg
Repro: LUDWIG:media; Zell am See
Herstellung: Julia Hegele

Printed in Poland by CGS Printing

★★★★★

Sind Sie mit diesem Titel zufrieden? Dann würden wir uns über Ihre Weiterempfehlung freuen. Erzählen Sie es im Freundeskreis, berichten Sie Ihrem Buchhändler oder bewerten Sie beim Onlinekauf. Und wenn Sie Kritik, Korrekturen, Aktualisierungen haben, freuen wir uns über Ihre Nachricht an: Christian, Postfach 40 02 09, D-80702 München oder per E-Mail an: lektorat@verlagshaus.de.

Unser komplettes Programm finden Sie unter

www.christophorus-verlag.de

In diesem Buch wird aus Gründen der besseren Lesbarkeit das generische Maskulinum verwendet. Weibliche und anderweitige Geschlechteridentitäten werden dabei ausdrücklich mitgemeint, soweit es für die Aussage erforderlich ist.

Die Deutsche Nationalbibliothek verzeichnet diese Publikation in der Deutschen Nationalbibliografie; detaillierte bibliografische Daten sind im Internet über http://dnb.d-nb.de abrufbar.

4. Auflage 2025

ISBN 978-3-8410-6525-4

Kreativ-Service

Sie haben Fragen zu unseren Büchern und Materialien? Wir beraten Sie gern rund um alle Kreativthemen.
Rufen Sie uns einfach an. Wir interessieren uns auch für Ihre eigenen Ideen und Anregungen.
Sie erreichen uns per E-Mail kreativ-service@c-verlag.de oder unter der Telefonnummer 0049-89-1306 99 577.